本书知晓南北朝

本书编写组◎编

世界图书出版公司

广州·北京·上海·西安

图书在版编目（CIP）数据

一本书知晓南北朝／《一本书知晓南北朝》编写组
编 . —广州：广东世界图书出版公司，2010.8（2024.2 重印）
ISBN 978－7－5100－2597－6

Ⅰ. ①—… Ⅱ. ①—… Ⅲ. ①中国－古代史－南北朝
时代－通俗读物 Ⅳ. ①K239.09

中国版本图书馆 CIP 数据核字（2010）第 160403 号

书　　　名	一本书知晓南北朝
	YI BEN SHU ZHI XIAO NAN BEI CHAO
编　　　者	《一本书知晓南北朝》编写组
责任编辑	康琬娟
装帧设计	三棵树设计工作组
出版发行	世界图书出版有限公司　世界图书出版广东有限公司
地　　　址	广州市海珠区新港西路大江冲 25 号
邮　　　编	510300
电　　　话	020-84452179
网　　　址	http://www.gdst.com.cn
邮　　　箱	wpc_gdst@163.com
经　　　销	新华书店
印　　　刷	唐山富达印务有限公司
开　　　本	787mm×1092mm　1/16
印　　　张	13
字　　　数	160 千字
版　　　次	2010 年 8 月第 1 版　2024 年 2 月第 9 次印刷
国际书号	ISBN　978-7-5100-2597-6
定　　　价	59.80 元

一本书知晓南北朝

前　言

　　南北朝(公元 420~589 年)是中国历史上的一段分裂时期,他的划分界限由公元 420 年刘裕篡夺东晋皇位建立南朝刘宋王朝开始,一直到公元 589 年隋朝灭亡南朝陈朝终止。这一时期在中国历史上具有重要的地位,主要是因为他不仅仅具有上承东晋、五胡十六国,下接隋朝的历史衔接型,还因为在这短短混乱的期间出现了中华民族大融合的萌芽,并在文化科技领域取得了瞩目的成就。南北朝的得名来源于这一时期不断出现的朝代更替之间长期维持对峙的局面。南朝 (公元 420~589 年)包含宋、齐、梁、陈四个朝代;北朝(公元 439~589 年)则包含北魏、东魏、西魏、北齐和北周五朝。

　　因为在东晋末期之后,军职大多由寒族或次级世族等担任,所以南朝各国的皇族主要是寒族或次级世族(也就是不是士族)。又因为皇帝勤于治国的努力,出现了元嘉之治与永明之治这样国力富盛的清明盛世。所以皇族开始越来越多地考虑把政权集在一身,不要给只注重保住自己地位的士族任何与朝廷抗礼的机会,这样就会扶持寒门担任军职或次要官职来平衡政治势力。但是利益熏心的诱惑,加上皇室部分继承者的荒诞,南朝时常发生宗室血腥事件。而各部分人之间的争斗导致战略的错误运用,使得南朝逐渐处于弱势,而新兴起来的北朝越来越强,疆域也开始渐渐南移。到南朝梁时,前期英明的梁武帝凭借自己的励精图治改善了南北这种差距,而当时北魏发生了著名的六镇之乱,这就使南朝国力逐渐追上了北朝。但是到晚年时期的梁武帝因为过度崇信佛教,政绩逐渐荒废,侯景之乱再在边上一助威,南朝实

力开始大减并最终四分五裂。

　　北朝承继前朝的五胡十六国，是胡族、汉族大融合的新兴朝代。北魏由于历史地理文化的原因，深受五胡文化影响，但后来统治者逐渐实行的汉化运动使得鲜卑皇室逐渐汉化，就出现了胡汉大融合的时代。由于北方的柔然一直牵制着北魏，使得北魏难以用全力攻入南朝。但北魏后期政治逐渐败坏，六镇民变发生后国力更是大衰，最后北魏只能分裂成东魏及西魏，并分别由北齐及北周取代。北齐的核心主要为六镇的流民和关东的世族，所以军力比较强盛。北周在立国初期鲜卑军不如北齐的多，政治地位也不如北齐及南朝梁那么高，所以秉持关中本位政策，将鲜卑和汉文化融合来消除胡汉族之间的隔阂。北周在这种政策下终于形成团结的关陇胡汉集团，从而得以攻灭因政治混乱而衰退的北齐，汉族也因此逐渐成为北周军队的主力之一。周武帝去世后，汉人杨坚依靠外戚的身份掌握了北周朝廷，并在篡夺北周的政权建立隋朝之后，发兵南征灭掉南朝陈，统一了中国。

　　在整个南北朝期间，由于边疆少数民族的内迁、北方人群的南下，必然造成全国各种文化的大交流以及混成。当时又由于儒学一统天下的局面被打破，玄道佛的兴起，就使得学术研究朝向多元化方向发展。而各国为了生存或战争，想法设法地推行一些适合本国的改革措施来确保统辖地区农业与手工业的发展。所有这些因素混杂在一起，就解释了为何科学技术在这一混乱时期还大幅提升。

　　本书总共分为五章，分别讲述南北朝著名皇帝、著名皇后、著名文臣武将、著名历史事件以及南北朝的科技、经济、文化成就。本书内容言简意赅、通俗易懂，集知识性和故事性于一体，让您在轻松愉悦的阅读中，全面了解和把握南北朝的历史。不过，由于编者的知识水平有限，书中难免会有一些不妥和错误，敬请广大读者朋友批评指正。

目 录

著名皇帝篇

著名皇后篇

文臣武将篇

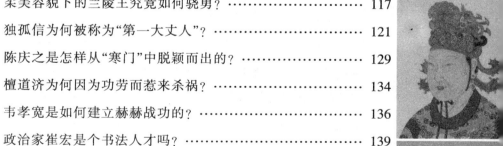

一本书知晓南北朝

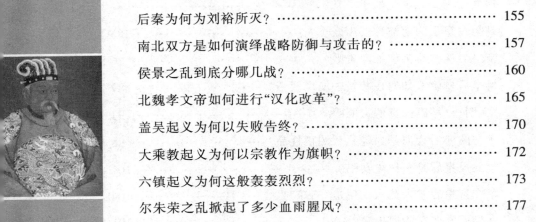

著名皇帝篇

刘裕如何建立南北朝时期的第一个王朝的?

宋武帝刘裕(公元363~422年),字德舆,小名寄奴,汉族,彭城县绥舆里(今江苏铜山)人。是南北朝时期第一个王朝——宋朝的建立者,也是中国历史上杰出的政治家、卓越的军事家和统帅。

据史料记载,刘裕以汉高祖刘邦的弟弟楚元王刘交的子孙自居,也算出身帝王之后,官宦世家。但因为家道的逐渐中落,加上父亲刘翘早逝,他自小便家境贫苦,幼年竟沦落到靠卖草鞋为生。可生活的艰辛并未扼杀刘裕激昂的斗志,他从小便胸怀大志,一心想做一番惊天动地的大业。带着如此雄心壮志,刘裕年少时投身行伍,最终凭着强悍、坚韧的性格以及卓越的军事才能一步步取得了令世人瞩目的成就

刘裕初为北府旧将孙无终的司马,事迹不显。安帝隆安三年(公元399年)十一月,孙恩从会稽(进浙江绍兴)起兵反晋,东南八郡纷起响应,朝野震惊。晋廷忙派谢琰、刘牢之前往镇压。因为孙无终的荐举,刘裕转入刘牢之的麾下,当了一名参军。在转战三吴的几年中,刘裕屡充先锋,每战挫敌,其军事干略得到初步显露。他不仅作战勇猛,披坚执锐,冲锋陷阵,且指挥有方,富有智谋,善于以少胜多。因讨乱有功,刘裕被封为建武将军,领下邳太守。他率水军继续追讨孙恩,迫使其投海而死。刘裕也因此起家,成为东晋一员虎将。

元兴三年(公元404年)二月初一,刘裕在家乡京口起兵讨伐篡晋的楚帝桓玄。405年三月,刘裕率兵进入建康,坐镇京师,指挥各路人马乘胜西进。经过一个多月的激战,桓玄被逼逃往西川,为益州都护冯迁所杀。次年三月,刘裕迎安帝复位。为奖励刘裕再造晋室之功,任刘裕为侍中,以后逐步升为车骑将军、中外诸军事、徐青二州刺史、兖州刺史、录尚书事。刘裕从此控制了东晋朝政,权倾天下。

刘裕执政晋室后,于元兴六年(公元409年)率军灭掉广固(今山东省益都县)的南燕政权,又回师击败卢循。元兴九年(公元412年),他又西攻盘据四川的谯纵,收服巴蜀。元兴十二年(公元415年),后秦姚兴病逝,姚泓继位,兄弟相残,关中大乱。元兴十六年(公元417年)刘裕攻克长安,灭后秦,受封为宋王,受九锡。

元熙二年(公元420年),刘裕迫使司马德文禅让,自己即皇帝位,国号宋,改元永初。同年六月,将其父刘翘追尊为孝穆皇帝。此时东晋灭亡,中国开始进入南北朝时期。而刘宋初期,因刘裕在晋朝末期收复了北方的青、兖、司三州,所以大致拥有黄河以南的广大地区,成为东晋南朝时期疆域最大的一个王朝。

宋武帝刘裕执政时期,以司马氏前车之鉴,采取了很多措施来巩固帝位。例如:抑制豪强兼并;削弱强藩,集权中央;整顿户籍,厉行土断之法;适当降低农民租税,废除苛繁

法令；制止置官滥乱，改革刑法；重视教育，选备儒官，弘振国学等。并且这位行伍出生、读书不多的皇帝，深知稼穑艰辛、以德治国的重要性，因此在平时生活中总是以身作则，身体力行。而就历史角度来讲，这些对于改善魏晋以来奢华浮靡的社会风气以及巩固宋国的统治都有相当重要的促进作用，也显示了南北朝一代创业之君的洪涛远略。

刘裕在位3年，于公元422年在建康去世，终年60岁。庙号高祖，谥为宋武帝，葬于初宁陵（今江苏省南京紫金山）。

童心未泯的宋少帝为何如此短命？

宋少帝刘义符（公元406～424年），小字车兵，东晋安帝义熙二年生于京口（今江苏镇江市），中国南北朝时期宋朝的第二位皇帝。他是宋武帝刘裕的长子，武帝在位时被立为太子。武帝于公元422年5月病死时，他于同日继位，第二年改年号为景平。

刘义符出生时，恰逢父亲刘裕举兵讨伐桓玄成功，为今后大业奠定了基础，年幼的刘义符自然成了父亲的掌上明珠，并随着父亲的飞黄腾达而步步高升。他年仅7岁便被拜为豫章公世子；宋国建立，拜为宋世子；刘裕称帝后，他又立为太子，成为皇位的当然继承人。但刘义符此人自幼不爱读书，只喜欢骑马射箭，倒颇有些勇力。因此围绕在他周围的

便全是一帮被正人君子所不齿的小人。他们在一起骑马、游乐、嬉戏，引起很多大臣的不满与忧虑。而他的父亲刘裕整日忙于建功立业，代晋称帝，无暇顾及对儿子的教育，再加上他本身就是一个不大爱读书的人，所以并没有把刘义符的所作所为看做是很严重的事情。据记载，领军将军谢晦曾对刘裕说过："陛下春秋既高，宜思江山社稷存万世，神器至重，不可交给非才之人。"言下之意即指太子刘义符无帝王之才。刘裕也的确认真听取了谢晦的意见，却一直未下重立太子的决心，只是在临终之前任命了几位顾命大臣辅佐刘义符。

新皇帝刘义符 17 岁即位，理应为刚去世的父亲守灵尽哀，但他却在后园与随从们练武习阵。如此懵懂青春少年，童心未泯，只知玩耍嬉戏，什么父丧、军国大事，从未放在心上。对于群臣谏言，也是一概不听。等到魏兵犯境，作战失利，将军自刭，国人惊惶，他也不管，只图得快乐时且快乐，不作杞人去忧天。

随着时间的推移，刘义符的兴趣愈发怪诞，让几位顾命大臣对刘义符越来越失望。顾命大臣中书令傅亮、司空徐羡之、领军将军谢晦见刘义符既无才也无德，便密谋废帝。

景平二年（公元 424 年）四月，徐羡之、谢晦等开始行动。谢晦事先借口领军府房屋破旧，让其家人全部外出居住，而在府内暗聚将士。又令中书舍人刑安泰和潘盛为内应，时刻准备动手。此时正值溽暑炎热，入夜不凉，刘义符便到公众华

林园避暑。兴之所至,他在园内开设一家酒店,自己小衣巾短打扮,当垆沽酒,充当酒保,尽兴玩乐了一天。到傍晚,又乘座龙舟移师天渊池,于水上玩乐。一时间笙歌妙舞,管弦悠扬,好不惬意。直玩到月落参横,疲劳袭身,他才意犹未尽地准备在龙舟上过夜。

第二天一早,檀道济、谢晦引兵领先,徐羡之等继其后,自云龙门入宫。因刑安泰事先已安排妥当,所以一路上没有卫士阻挡,一行人长驱直入天渊池。玩乐了一天在天渊池龙舟上就寝的刘义符此时仍在酣睡,对此根本毫无知觉。于是兵士们持刀冲入龙舟,将刘义符身边的两个侍者杀死,并将酣睡中的刘义符带到岸上,收取了他的印玺,又假借皇太后诏书,废刘义符为营阳王,另由他的弟弟宜都王刘义隆奉承大统。将他幽禁在金昌亭。

六月,刑安泰等人冲进金昌亭,准备刺杀刘义符。刘义符不甘束手就擒,奋力反抗,极力挣扎后竟然挣脱逃出昌门。但刑安泰领着追兵从后面赶上,只扔出一根门闩,便将刘义符击倒在地,随后挥刀杀死了他。于是这位只在位2年的糊涂皇帝就此寿终正寝,享年仅19岁。

一代豪杰宋文帝刘义隆为何终成悲剧?

宋文帝刘义隆(公元407~453年),小字车儿,是宋武帝刘裕的第三子,宋少帝刘义符的弟弟。博涉经史,善隶书,深

沉有谋略,在位三十年(公元424~453年),提倡文化,整顿吏治,清理户籍,重视农业生产,开创了"元嘉之治",是南北朝之宋朝颇有作为的一位皇帝,但也由他开始了南朝王室自相残杀的历史。

义熙十一年(公元415年),刘义隆被封为封彭城县公,之后又被封宜都王,位镇西将军、荆州刺史,加都督,时年十四。刘裕病死后,太子刘义符继位,但因他游戏无度,不亲政事,辅政的司空徐羡之、中书令傅亮、领军将军谢晦于景平二年(公元424年)五月废黜刘义符,迎立当时任荆州刺史的刘义隆为帝,改元元嘉,同时由谢晦出任荆州刺史,掌握重兵。

宋文帝体弱多病,又生性好猜忌,因此不能容忍大臣擅行废立。元嘉三年(公元426年)杀除徐羡之、傅亮、谢晦,从此政由己出。元嘉六年(公元429年),因病由其弟彭城王刘义康执政。刘义康任司徒、录尚书事,后又加领扬州刺史,进位大将军,专总朝权,势倾天下,曾擅杀名将檀道济。元嘉十七年(公元440年),文帝断然采取措施,收杀拥戴刘义康的领军将军刘湛等人,罢斥刘义康,将其改授为江州刺史,出镇豫章(今江西南昌)。元嘉二十二年(公元445年),刘义隆废义康为庶人。元嘉二十八年(公元451年),北魏大军南下,隔江威胁建康,文帝怕刘义康在后方趁机作乱,遂下令将其诛杀。

因此,对于宋文帝刘义隆的一生,几乎备受争议,大致有

以下三种说法：

评价一：他是中国战争史上不可多得的英豪人物。十七岁即位，诛杀权臣，修明政治，压抑豪强兼并，清理户籍，减免税赋，劝课农桑，奖掖儒学。期间，宋国境内政治、经济、文化均得到较大的发展，是魏晋南北朝国力最为强盛的历史时期，史称"元嘉之治"。

评论二：好大喜功，行事不切实际。"元嘉草草，封狼居胥，赢得仓皇北顾。四十三年，望中犹记，烽火扬州路。可堪回首，佛狸祠下，一片神鸦社鼓。凭谁问，廉颇老矣，尚能饭否？"南宋大词人辛弃疾讽喻权相韩侂胄冒险北伐金国而作。其中"元嘉草草，封狼居胥"，是指元嘉二十七年（公元 450）王玄谟在宋文帝支持下北伐大败的故事。结果不出辛弃疾所料，韩侂胄兵败被杀，恰如元嘉故事。

评论三：好猜忌。视兄弟如豺狼，视大臣如仇敌。宋文帝刘义隆坐上皇帝宝座之后，对拥护他登皇位的大臣徐羡之、傅亮、谢晦等毫无情义而言，均找理由全部杀戮。并对弟弟刘义康也由降级到罢黜再到诛杀。

总而言之，宋文帝刘义隆在位的三十年取得了相当的成就。政治上，他是中国历史上拥有半壁江山的帝王中成就最高的，取得了"元嘉之治"的大好局面；军事上，他致力于收复北方失地，尽管三次北伐均失败，但不妨碍他成为一个失败的英雄；宫廷里，他宠幸潘美人，使得皇后抑郁而死；继承

上，他因为猜忌而犹豫迟疑，最终，被太子刘劭所杀，终于酿成悲剧。

宋太初皇帝刘劭是中国历史上第一个杀死亲父的皇帝吗？

太子刘劭（公元426~453年），字休远，刘义隆长子，中国南北朝时期宋朝的第四位皇帝。元嘉三十年（公元453年），刘劭与其弟刘浚共谋，将其父杀害，自立为皇帝，改元"太初"。

刘劭是宋文帝刘义隆十九个儿子中的长子，又是皇后所生，自然被列为太子。然而，《宋书》中关于他的部分，标题却是"二凶"。这的确有些让人匪夷所思，但仔细看过后发现，此称呼完全是在清理之中。

对于刘劭，宋文帝对他可是相当宠爱的。据史书记载"年六岁，拜为皇太子"，"意之所欲，上必达之"。至于刘劭本人，他"好读史传，尤爱弓马"，"及长，美须眉，大眼方口，长七尺四寸"。元嘉二十七年，他曾上书劝阻文帝北伐，并且在魏军进抵江北时还统帅水军出阵石头城，表现很不错。不过，也许是当太子的时间太长让他等不及了，他伙同始兴王刘浚请了一个叫严道育的女巫用玉做了个文帝的像，埋在含章殿前，咒文帝早死。元嘉二十九年，东窗事发。文帝大怒，痛斥了二人，不过却没有什么处分，只是让他们上书谢罪了事，另外则

到处搜捕严道育。次年正月，文帝发现严道育仍在刘俊处，知道两人仍然不思悔改，才打算废太子，赐死刘浚。可对于这件事情文帝没有马上下定决心，仍在犹豫着废太子刘劭后该立谁为太子。他决定和重臣徐湛之、江湛，王僧绰商议。但由于徐、江二人分别和文帝两个儿子有联姻，自然各自都有私心，加上文帝优柔寡断，事情一时也定不下来。王僧绰担心事情一旦泄露，会出意外，便劝文帝早做决断，文帝也不听。更要命的是，文帝无意间还把这事告诉了刘浚的生母潘淑妃，于是消息很快便传到了刘劭耳中了。

于是，刘劭决定先下手为强。正好文帝给了他东宫足以与御林军匹配的强大武装力量，他就是利用这只力量发动宫廷政变的。元嘉三十年二月二十一日夜，刘劭假传诏书骗开城门，和亲信张超之等率领本不能进入台城的东宫部队两千于人杀进皇宫，杀文帝刘义隆和正在同他商议废立之事的徐湛之。当时江湛在侍中省值班，也被搜出来杀死。随后，刘劭再次假传诏书招太尉江夏王刘义恭、尚书令何尚之进宫，并将他们软禁起来。又召集众臣，可只有几十人前来捧场。刘劭也管不了许多，当即在东阁登基称帝，发布了即位诏书，改元"太初"。草草结束即位仪式后，由于心虚，刘劭马上声称身体不适回了永福省，并将文帝的灵柩迁移至太极前殿，也不敢亲临父皇的丧事，大白天的让甲士手执兵刃严加防护，夜晚则灯火通明，扈从紧卫左右。

刘劭因弑父篡位而导致众叛亲离，因此很是费了些心思安抚人心，安定秩序，以稳固自己的政权，但不少宗室和官员并不买他的帐。他先是被刘骏称为元凶，又被其弟武陵王击败处斩，连全家男女妃妾一并从戮。由此刘劭自弑杀父皇篡位称帝到败亡，仅七十天。

宋孝武帝刘骏为何被称为荒淫无度的赖子？

宋孝武帝（公元 430~464 年）即刘骏，字休龙，小字道民，宋文帝第三子。时任武陵王的刘骏与荆州刺史刘义宣、雍州刺史臧质举兵击败并斩了被其称为杀害父亲宋文帝"元凶"的刘劭，元嘉三十年 4 月，在新亭（今南京南）自即帝位，史称孝武帝，年号"孝建"、"大明"。

刘骏即帝位后，重用中书通事舍人戴法兴、巢尚之、戴明宝，使掌朝政。又分吏部设二尚书，并推行圭断和课租荫户以抑制大族，加强君权；尊母亲路氏为皇太后，册妃王宪为皇后。当时刘骏 24 岁，膂力强健，十分好色。所以无论亲疏贵贱的女子，只要有几分姿色，刘骏就召入宫里御幸。其叔父荆州刺史刘义宣的四个女儿自小养在宫里，她们个个生得花容月貌，刘骏也不管是否表姊妹，竟一起召幸，惹得刘义宣十分痛恨以至于起兵。这四个姊妹中的第二个楚江郡主姿色超出了众人，丽色巧笑，因此宠倾后宫。后来怀孕生下一个男婴，刘骏对刘氏更加宠爱，册封她为淑仪。但毕竟是自己的表妹，说

出去不好听，于是冒充是殷琰家的女儿，封号殷淑仪。

刘骏其母路太后住在显阳殿中，朝廷内外的命妇以及宗室的女儿，免不了时常进去朝谒太后。刘骏往往选择在这个时候闯进去，看见有合意的就引她入宫侍寝。路太后过于溺爱自己的儿子，也不加禁止劝阻。正所谓"好事不出门，坏事传千里"，宫闱里的丑事不久便传遍了都城。

刘骏不仅好色贪钱，而且喜欢赌博饮酒，且好猜忌狎侮大臣平时与朝廷大臣说话也喜欢戏谑耍笑，常根据众人的长短肥瘦黑白妍媸，各取一个外号。刘骏还嬖宠一个昆仑奴，此昆仑奴长得高大强壮，专门用他执仗侍立在身边，稍微不惬意时就命昆仑奴殴击群臣。

刘骏骄侈日益厉害，他嫌宫殿狭隘，还另造了一座玉烛殿。因为过度赏赐与挥霍导致了国库空虚，他便想出一个敛财的方法。即在每次地方刺史二千石卸职还都的时候，刘骏就召来他们赌摴蒲，并且那些刺史还只能输不能赢。于是刺史们多年搜刮地方积攒的财物都进了刘骏的囊中，此项做法同赖子何异？

殷淑仪宠擅专房，只可惜红颜命薄，大明六年四月得病身亡。刘骏悲痛欲绝，不仅追册殷淑妃为贵妃，还在在皇都立庙，出葬时前后部羽葆鼓吹比皇后的葬礼还要煊赫。

刘骏后宫的佳丽虽多，但自殷贵妃死后，他再也找不到一个合心意的。便渐渐地因愁生病，不能再亲理政事，于大明

八年夏天在玉烛殿去世。

宋前废帝为何被称为刘宋最昏庸残暴的皇帝？

宋前废帝（公元449~465年）即刘子业。小字法师，孝武帝长子。大明八年（公元464年），十六岁的太子刘子业嗣位，这就是史称刘宋最昏庸残暴、丧尽天良的宋废帝。

宋前废帝刘子业即位后曾当着大臣的面，指着他父亲孝武帝的画像说："此人好色，不择尊卑"可事实上，他自己的淫乱也已经丧失人伦。尽管后宫已有嫔妃万人，但仍将其亲姑母，宁朔将军何迈之妻新蔡公主刘英媚封为夫人，纳入后宫。并与自己的亲姐姐山阴公主有染，授意她杀死了自己的丈夫。刘子业还别出心裁，把各王王妃、公主集中起来，强令左右侍从奸污她们。他还下令宫女均赤身裸体与他在宫中奔跑嬉戏，有不从者，即行杀死。某次某宫女由于宁死不肯裸体，被废帝当场杀死，又因为晚上梦见此女前来找他算账，便将宫中与此女子长相相似的妃嫔全部杀死。刘子业这种滥杀无辜的疯狂程度已经到了变态的地步，不仅狂杀自己同姓骨肉，还杀了许多大臣将军、近臣密戚，搞得人心惶惶，朝不保夕。

除却对外人如此残暴外，刘子业对自己的亲身母亲也不例外。皇太后王宪病重，刘子业说："病人房间里有很多鬼，太可怕了，这怎么能去呢？"于是拒绝探望母亲。太后得知后大怒，气的大叫："快拿刀来！我要剖开我的肚子，看看怎么

会生出这种孩子。没过几天，只 38 岁的王宪就被儿子活活气死了。

此外，作为刘子业的亲戚也深受折磨。南平王、庐陵王、南安王几个兄弟死的不明不白。

如此心理畸形，不但世间少有，环顾中国历史，也无人出其右。因此废帝即位只一年，刘子业已到了众叛亲离的地步。泰始元年（公元 465 年）十一月，将军柳光世、寿寂之等合谋将刘子业杀死，随即拥立刘彧为帝，史称宋明帝。

宋明帝性情为什么如此善变？

宋明帝（公元 439~472 年）即刘彧。小字荣期，宋文帝第十一子。初封淮阳王，改封湘东王。前废帝时为南豫州刺史，入朝遣人刺杀前废帝，自立为帝。泰豫元年（公元 472 年）病卒。

宋明帝少年时候风姿端雅，因自幼失去双亲便被太后养在宫内，他为藩王时好读书，爱好文艺，曾撰《江左以来文章志》、续卫瓘所注《论语》二卷。在他还是亲王时，性情宽厚平和，有良好的声誉，所以也只有他深受孝武帝的宠爱。即位之初，对拥护寻阳政权的官员他也给予原谅，基本上都留住了他们的性命。而且按照各人的才干分别任用，像旧有臣下一样对待。只是到了晚年，却开始变得猜疑、嫉妒、残忍、暴虐，迷信鬼神巫术，忌讳多端。无论言论、文书，对祸、败、凶、丧

以及含混难辨的话和字有成百上千条，都加以回避，如有触犯，一定加以惩罚和诛杀。

前废帝刘子业生前一度把他视作隐患，屡次试图除去他。刘彧身体肥壮，刘子业便称他为"猪王"，并且在地上掘坑注入泥水，把刘彧的衣服脱光扔进坑里，再用木槽盛饭拌以杂菜，命他像猪一样爬在地上吃。所以或许是所受宋前废帝刘子业的折磨太过，在他即位以后刘彧的性情大变。

明帝一直没有儿子，为此他做了很多常人不能理解的举动。例如：把宠妾陈妙登赐给了嬖臣李道儿借种，等其一有身孕便接回宫中，顺便找了一个借口将李道儿赐死。十月怀胎后陈妙登生下一个儿子，取名为慧震，刘彧当作是自己所生的对待。他又怕这个儿子半路夭折，便想出了一个更荒唐的主意：派人秘密察访诸王的姬妾里有没有孕妇，有的话就将孕妇弄进宫里，如果孕妇生下的是男孩就杀死生母留下孩子，让自己的宠姬来充当孩子的母亲。

性情大变之后的宋明帝延续了宋前废帝的荒淫无度。除却后宫嫔妃众集外，泰始六年（公元 470 年）夏天，宋明帝在宫中举行盛大宴会，观看女子的裸体表演。虽然这样做是在冒天下之大不韪，但他之所以敢这么做，一方面是因为他是一国之主，无人敢反对；另一方面或许也是因为，在这种奢华迷乱的社会氛围里生活太久的大臣们也不想反对，甚至可以说巴不得开一回眼界呢。当时只有一个人不愿观看，那就是

皇后。她用扇子将脸遮住了。明帝怒骂她说："你这个外戚的穷讨吃的！今天和大家同乐，为什么只有你不看？"皇后回答说："取乐的事，方法很多，怎么能集合姊妹们脱光衣服来取笑呢！外戚的娱乐，不像这里这么不雅。"明帝大怒，立即将她轰走。

齐高帝萧道成为何要灭宋建齐？

齐高帝萧道成（公元427~482年），南北朝之齐朝的创立者，在位四年。汉族，字绍伯，小名斗将。少年时期曾从师名儒雷次宗，学习《礼》及《左氏春秋》。

萧道成于明帝在位时为右军将军，先后镇会稽（今浙江绍兴）、淮阴（今江苏清江西），以军功累官至南兖州刺史。明帝死了之后，他与尚书令袁粲等共掌朝政，并领石头戍军事。

元徽二年（公元474年）平江州刺史桂阳王休范的反叛，进爵为公，迁中领军将军，掌握了禁卫军，统领五州军事。并与袁粲、褚渊、刘秉号称"四贵"。南北朝之刘宋后期皇室成员争权，自相残杀，朝廷实权渐渐集于道成一身。升明元年（公元477年）七月，道成杀掉残暴无性的后废帝刘昱，立刘准（宋顺帝）为帝。萧道成此时被封齐王，兼总军国，次第便诛灭了忠于刘宋皇室的袁粲、荆州刺史沈攸之、黄回等人。后受刘宋禅让自己即皇帝位，国号齐，改元建元，史称南齐。道成借鉴了刘宋灭亡的教训，采取了很多有效的措施来巩固政权。如：

务从俭约;减免百姓逋租宿债;宽简刑罚等,但对刘宋的宗室王侯,不论少长都幽禁而死。

萧道成登基次年还下令清理户籍。并按虞玩之的建议,设立校籍官,以宋元嘉二十七年(公元450年)版籍为准整理户籍。但校籍工作弊端百出:贫苦人民常被诬赖为户籍诈伪而"却籍"(即从户籍中剔除出来),同时清户行为也侵犯了庶族地主的利益。因而,在其死后不久,便由于反对校籍而引发了唐寓之暴动。

自小跟随名儒雷士宗先生研习《礼》及《左氏春秋》的萧道成在某次父亲告知将被宋文帝派去防范监护刘义康而表明了宏图大志之后,一直跟随父亲南征北战,以其机智勇敢屡建奇功,成为一位将帅之才。

公元465年,宋明帝继宋前废帝刘子业被弑后登基,朝廷内部发生了权力争斗。官至右将军的萧道成审时度势,当日便上朝向明帝表明自己的看法,得到明帝嘉许。不日便被提升为辅国大将军,同张永等将领带大军前去讨伐东境叛军。不久叛军全部被平定,宋明帝大喜,对其委以重任。公元467年,萧道成被委任南兖州刺史,成为镇守一方的大员。

公元474年,江州刺史、桂阳王刘休范起兵谋反,并率大军两万、轻骑五百自浔阳出发,昼夜兼程,向京师逼近。萧道成再次发挥他天才般的军事才能取得平叛的胜利。此时的萧道成因为又立下战功而威望大增,被皇帝委任为中领军、南

兖州刺史，留京戍卫建康。皇帝同时还将萧道成与袁粲、褚渊、刘秉四人都授以辅政高官，轮留入值商议决定朝中重要事务，人称"朝中四贵"。自此，萧道成以中军领的身份逐渐掌握了朝政。加上宋后废帝残暴无性，混乱无德，人人得而诛之。还曾差点将萧道成当做箭靶将其射死，此刻手握重权的萧道成潜在内心的火苗突突往外冒，便有了废帝重立的念头。之后也就顺其自然地有了接受禅让，自己登基这一幕。于是选定黄道吉日，萧道成举行了隆重的即位大典。改元建元，大赦天下。至此，齐朝正式建立。

萧道成在群臣的拥戴下，登上皇帝的宝座。群臣三呼万岁，一片俯拜之景，耳边尽是歌功颂德之音。萧道成可谓心满意足，踌躇满志。

齐武帝萧赜如何成为一名贤明君主？

萧赜（公元440~493年），字宣远，小字龙儿，南朝南兰陵（治今常州西北）人，南齐的第二任皇帝，在位11年，励精图治，是南北朝之齐朝一位颇有作为的好皇帝。永明十一年（公元493年），去世，终年五十四岁，谥号为武皇帝，庙号世祖，葬景安陵（位于今江苏省丹阳市建山乡前艾庙）。

萧赜于刘宋元嘉十七年（公元440年）六月己未，生于建康县之青溪宫。初为寻阳国侍郎，辟州西曹书佐，出为赣令。齐国在立国之前，萧赜曾随其父萧道成东征西讨，颇立战功。

一本书知晓南北朝

最值得一提的是升明元年（公元 447 年），刘宋大将沈攸之盘踞荆楚发动叛乱，朝廷尚未作出决策，萧赜就率兵占领了湓口城（今江西九江）。他的战略是认为这样可以有效地阻止叛军向下游进发。其父萧道成作为将帅老将，在得知此事后喜形于色地说："萧赜真是我的好儿子啊！"

齐高帝建元元年（公元 479 年），萧赜被立为太子，建元四年（公元 482 年）即位。即位之后，萧赜仍数次在建康城的玄武湖中为禁军讲武，有北伐之志。在位期间，始终继续推行萧道成的治国之策，使社会出现了相对安定的局面。

齐高帝生平十分关心百姓疾苦，即位后便下诏："比岁未稔，贫穷不少，京师二岸，多有其弊。遣中书舍人优量赈恤。"不久，再次下诏"水雨频降，潮流荐满，二岸居民，多所淹渍。遣中书舍人与两县官长优量赈恤。"次年，他又下诏酌情遣返军中的囚徒，大赦囚犯，对于百姓中的鳏寡和贫穷之人，更加以赈济。他提倡并奖励农桑，灾年时，还减免租税。在位第四年下诏："扬、南徐二州，今年户租三分二取见布，一分取钱。来岁以后，远近诸州输钱处，并减布直，匹准四百，依旧折半，以为永制。"

除却恢复禄田俸，劝课农商，减免赋役，赈济穷困，从宽执法外，齐高帝帝还重视教育。他曾下令多办学校，挑选有学问之人任教，以培育人们的德行。另外齐高帝行事以富国为先，不喜欢游宴、奢靡之事，提倡节俭，还曾下令举办婚礼时

不得奢侈。对于其自己的后事，特意下诏说："我识灭之后，身上著夏衣，画天衣，纯乌犀导，应诸器悉不得用宝物及织成等，唯装复夹衣各一通。常所服身刀长短二口铁环者，随我入梓宫。祭敬之典，本在因心，东邻杀牛，不如西家禴祭。我灵上慎勿以牲为祭，唯设饼、茶饮、干饭、酒脯而已。天下贵贱，咸同此制。未山陵前，朔望设菜食。陵墓万世所宅，意尝恨休安陵未称，今可用东三处地最东边以葬我，名为景安陵。丧礼每存省约，不须烦民。百官停六时入临，朔望祖日可依旧。诸主六宫，并不须从山陵。内殿凤华、寿昌、耀灵三处，是吾所治制。"

齐高帝的贤明还在于与周边国家的外交上。他在位期间与北魏通好，边境比较安定。这种清明的统治信条使江南经济也有了一定的发展，社会处于暂时安定状态。

齐废帝萧昭业为何成为齐朝一代废帝？

齐废帝萧昭业（公元 473~494 年），字元尚，小字法身，南朝南兰陵（治今常州西北）人，文惠太子萧长懋长子，南齐的第三任皇帝。

祖父齐武帝萧赜即位，萧昭业被封为南郡王，时年十岁。永明十一年（公元 493 年），齐废帝萧昭业的父亲萧长懋去世，萧昭业便被齐武帝立为皇太孙。同年，齐武帝去世，萧昭业即位，改年号为隆昌。同时由萧长懋的同母弟竟陵王萧子

良与宗室西昌侯萧鸾辅政,追尊其父亲为世宗文皇帝。

萧昭业美容止,并工于隶书,加上聪明敏捷,接待宾客恳切周到,行止谈吐为时人称赞,由此很是获得祖父与父亲的喜爱。但是萧昭业本人性格上多矫饰,即位之后本性便显露出来。他登基后竟然与文帝幸姬霍氏私通,并亲近小人,滥发赏赐,奢侈无度,毫无一国之君的姿态。有记载称:萧昭业继位后,浪费无度,武帝死时国库中原集有钱8亿万,他却任情挥霍,甚至带着后妃到库房,命令左右取出珍宝一一砸碎取乐。他玩心大起到不理朝政的地步。朝政于是都由萧鸾处理,但他却疑心萧鸾有异志,曾与中书令何胤密谋诛杀萧鸾,没有结果。最后反倒被萧鸾派兵进宫弑杀,并且废萧昭业为郁林王,卒年仅二十一岁。

齐废帝萧昭文为何步其哥废帝后尘?

萧昭文(公元480~494年),字季尚,齐武帝孙,郁林王弟,萧鸾杀死郁林王后立他为帝,在位不足3月,又为萧鸾废杀,终年15岁,是南齐的第四任皇帝。

萧昭文于永明四年(公元486年)初封为临汝公,食邑五千户。后为辅国将军、济阳太守。永明十年(公元492年),转持节、督南豫州诸军事、南豫州刺史,将军如故。永明十一年(公元493年),进号冠军将军。文惠太子去世后,萧昭文还都。同年,郁林王萧昭业即位,他被封为中军将军,改封新安

王,食邑二千户。隆昌元年(公元494年),萧昭业被辅政的宗室萧鸾杀死,萧昭文被萧鸾扶立即帝位,改年号为延兴。

萧昭文继位时年仅15岁,一切政事听命于萧鸾,连吃的饭菜也必须经过萧鸾的同意。有一次,他想吃鱼,厨子却回答说,没有萧鸾的允许,他不敢做。所以虽贵为皇帝,他无论大小事情都不能自己做主。是年十一月,即位仅为四个月的萧昭文被萧鸾废黜为海陵王,不久便被萧鸾所杀,谥为恭王。

齐明帝萧鸾如何一手造就了萧齐三个皇帝?

齐明帝萧鸾(公元452~498年),字景栖,小名玄度,南朝南兰陵(治今常州西北)人,南齐的第五任皇帝,他一手演绎了萧齐三代皇帝的历史。

萧鸾少年丧父,由叔父齐高帝萧道成抚养长大,萧道成对其视若己出。刘宋泰豫元年(公元472年),萧鸾担任安吉令,以严格而闻名。后补为武陵王左常侍,未拜。元徽二年(公元474年),为永世令。升明二年(公元478年),为邵陵王安南记室参军,未拜。后又迁为宁朔将军、淮南、宣城太守,不久进号辅国将军。齐高帝萧道成即位时,迁为侍中,封西昌侯。建元二年(公元480年),为持节、督郢州司州之义阳诸军事、冠军将军、郢州刺史,进号征虏将军。齐武帝萧赜即位时,转度支尚书,领右军将军。永明元年(公元483年),迁侍中,领骁骑将军。后转为散骑常侍、左卫将军。永明二年(公

元 484 年），出为征虏将军、吴兴太守。永明四年（486 年），迁中领军，常侍并如故。永明五年（公元 487 年），为持节、监豫州郢州之西阳司州之汝南二郡军事、右将军、豫州刺史。永明七年（公元 489 年），为尚书右仆射。永明八年（公元 490 年），加领卫尉。永明十年（公元 492 年），转左仆射。永明十一年（公元 493 年），领右卫将军。

萧赜临终时以萧鸾为侍中、尚书令，教其辅佐皇太孙萧昭业治理国家。隆昌元年（公元 494 年），即本号为大将军。自从文惠太子萧长懋于永明十一年（公元 493 年）死后，萧鸾便有了争夺帝位的野心，只是一直未敢公开表现。于是萧鸾于隆昌元年（公元 494 年）废杀奢靡浮华，不理朝政的齐废帝萧昭业，改立萧昭业年幼的弟弟萧昭文为帝，变为傀儡。后终于野心彰显，废掉萧昭文为海陵王，自立为帝。

萧鸾即位后，开始猜忌宗室，信用典签，监视诸王；并且在任期间屠杀宗室，萧道成与萧赜的子孙几乎都被萧鸾诛灭。萧鸾在位期间长期深居简出，要求节俭，停止了边地向中央的进献，并且停止了不少在建工程。晚年时由于萧鸾病重，便相当崇信道教与厌胜之术，还将所有的服装都改为红色。此外，萧鸾还特地下诏向官府徵求银鱼以为药剂。永泰元年（公元 498 年），萧鸾病死，享年 47 岁，谥为明皇帝，庙号高宗，葬于兴平陵。

齐东昏侯萧宝卷怎么可以如此之荒唐？

齐东昏侯萧宝卷（公元483～501年），为齐明帝萧鸾儿子，明帝死后继位，时年16岁，在位4年（公元498～501年）。永元三年被杀，终年19岁。

萧宝卷是中国历史上著名的荒唐皇帝。连齐宣德太后的懿旨中都这样指斥他："凡所任仗，尽愿穷奸，皆营伍屠贩，容状险丑，身秉朝权，手断国命，诛戮无辜，纳其财产，睚眦之间。屠覆比屋……曾楚、越之竹，未足以言、校辛、癸之君，岂或能匹。"大意是说：萧宝卷此人接触的都是一些奸邪小人，他除却面容丑恶可憎外，还滥杀无辜，睚眦必报，是个十足的小人。因为萧宝卷之父萧鸾是以阴谋手段篡夺帝位的，之后又滥杀高帝、武帝的子孙以巩固帝位，所以临死之时对萧宝卷说："作事不可在人后！"荒唐皇帝萧宝卷从此禀承父训，那些宰辅大臣，只要他稍不如意，立即加以诛杀。最后逼得文官告退，武将造反，京城几度岌岌可危。

朝代社会风气的影响导致了南朝皇帝多奢侈腐靡，但萧宝卷尤其。后宫失火被焚，就新造仙华、神仙、玉寿三座豪华宫殿；剥取庄严寿的五九子铃装饰殿外；凿金为莲花，贴放于地，令宠妃潘氏行走其上，就是所谓的"步步生莲花"。此外，他还特别喜欢干些屠夫商贩之类做的事情。曾在宫苑之中设立市场，让太监杀猪宰羊，宫女沽酒卖肉，宠妃潘妃充当市

令，自己担任潘妃的副手，遇有急执，便交付潘妃裁决。萧宝卷一方面聚金贪钱，一方面又极其吝啬抠门。梁王萧衍的军队已攻打到城外，太监茹法珍跪在地上请求他赏赐将士，他仍旧不肯，还说："反贼难道就只捉我一个人吗？为什么偏偏向我要赏赐？"

梁王萧衍联合齐将攻入建康城的那一夜，萧宝卷在含德殿笙歌作乐刚作罢，还没有睡熟。听到外面军队闯进来的声音，他连忙从北门溜出。此时太监黄泰平举刀砍伤了他的膝盖令他摔倒在地，另一名太监张齐不由分说一刀砍下他的头。梁王萧衍掌权后，授意宣德太后褫夺萧宝卷的帝号，追封为东昏侯，但陵墓仍按皇帝的级别修筑而成。

梁武帝萧衍为何如此有才？

梁武帝萧衍（公元 464~549 年），字叔达，小字练儿，南兰陵中都里人（今江苏常州市武进区西北）。南梁政权的建立者，在位时间达四十八年。

萧衍是兰陵萧氏的世家子弟，出生在秣陵（今南京），为汉朝相国萧何的二十五世孙，是一位少年英才。除却父亲萧顺之是齐高帝的族弟这样子的家庭背景给他很大帮助外，萧衍小时候就很聪明，并且喜欢读书，是个博学多才的少年，尤其在文学方面很有天赋。当时他和另外七个人一起游于竟陵王萧子良门下，被称为"竟陵八友"，其中包括历史上有名的

沈约、谢朓、范云等。而这八个人当中，萧衍的胆识却是其他七个人无法相比的，因为先天的家族背景，萧衍刚做官时就是在卫将军王俭手下。王俭见萧衍很有才华，言谈举止也很出众，于是就提拔他做了户曹属官。加上他办事果断机敏，和同事以及上司关系融洽，不久又被提升为随王的参军。后因父亲去世，他回去守丧三年后复官，继而升任太子庶子和给事黄门侍郎。

齐武帝去世后，皇太孙萧昭业即位为帝，只知享乐，不理政务，对大臣的劝谏也不接受。掌权大臣萧鸾决定把他废掉，但萧衍表示反对并对萧鸾尽分析其中利害关系，萧鸾对萧衍的分析很赞同，于是照他们商议的执行。萧鸾废杀萧昭业，拥立萧昭文，自己掌握朝政大权。三个月之后，萧鸾废掉萧昭文，自己做了皇帝，这就是齐明帝。萧鸾做皇帝之后，没有忘记萧衍的谋划之功，把他提拔为中书侍郎，后来又升为黄门侍郎。萧衍的地位开始显赫起来。

在萧鸾登基后第二年，北魏的孝文帝率领30万军队亲自进攻南朝的齐，沿淮河向东攻打钟离。萧衍在别的将领畏缩不前时请命充当前锋，并亲自上阵摇旗擂鼓助威，齐军士气高昂，个个奋勇杀敌。齐军最终取得了这场战役的胜利。萧衍也因战功而升任太子中庶子。

无能的东昏侯萧宝卷即位以来，治国无术，却很残忍，萧衍逐渐和他对立起来。后萧衍拥戴萧宝融四处作战，消灭了

东昏侯,立下了赫赫战功,也因此升任大司马,掌管中外军国大事,还享有剑履上殿,入朝不趋,赞拜不名的殊荣。后萧衍自然而然地谋划以梁代齐,自己登上了皇帝之位。

萧衍自做皇帝以来,政绩显著。他吸取齐灭亡的教训,很是勤于政务,而且不分冬夏春秋,总是五更天起床,批改公文奏章。他甚至为了广泛地纳谏取士,下令在门前设立两个盒子(当时叫函),一个是谤木函,一个是肺石函。如果功臣和有才之人,没有因功未能受到赏赐和提拔,或者没有良才使用,都可以往肺石函里投书信。如果是一般的百姓,想要给国家提什么批评或建议,可以往谤木函里投书。

萧衍平时生活几近节俭之能事,在中国古代所有皇帝史中也是出类拔萃的。史书上说他"一冠三年,一被二年",大意是他不讲究吃穿,衣服可以是洗过好几次的,吃饭也是蔬菜和豆类,而且每天只吃一顿饭,太忙的时候,就喝点粥充饥。对于官吏,他更是强调清廉,还经常亲自召见他们,训导他们遵守为国为民之道,清正廉明。

梁武帝萧衍是中国历史上不可多得的一位多才皇帝。在学术上,他以经学、史学的研究为卓著。在经学方面,他曾撰有《周易讲疏》、《春秋答问》、《孔子正言》等二百余卷,可惜大都没有流传下来。他还倾注大量精力研究佛学,著有《涅槃》、《大品》、《净名》、《三慧》等数百卷佛学著作。即使对道教学说,他也颇有研究。在此基础上,他把儒家的"礼"、道家

的"无"和佛教的"因果报应"揉合在一起,创立了"三教同源说",在中国古代思想史上占有极其重要的地位。另外,梁武帝的诗赋文才,也多有过人之处,现存诗歌就有80多首。文艺方面,他重视礼乐。曾创制准音器四具,名曰"通"。又制十二笛和十二律相应。每律各配编钟、编磬,丰富了我国传统器乐的表现能力。他还很喜欢绘画,尤善画花鸟与走兽。围棋他也特别喜爱,并且棋艺也很高超。

由于梁武帝雅好诗文,大臣们纷纷效仿,甚至连赳赳武夫也能偶尔吟出几句好诗来,所以在梁武帝的影响和提倡下,梁朝文化事业的发展达到了东晋以来最繁荣的阶段

但人无完人,正是梁武帝的这种多才多艺,导致了他晚年将大量精力用于研究佛教理论上,而荒废了朝政,致使出现奸臣,造成朝政昏暗。再辅以老年的他刚愎自用,乱建佛寺,不听诤谏而政绩下滑。

梁简文帝萧纲为何被迫称帝?

萧纲(公元503~551年),字世缵,小字六通,南兰陵中都里(今江苏常州西北)人。梁武帝萧衍第三子,昭明太子萧统的同母弟。兄长死后成为太子。侯景之乱中被迫登位,在位二年,被弑。梁元帝萧绎即位后,追谥为简文皇帝,庙号太宗。

天监二年(公元503年)十月,生于显阳殿。天监五年(公元506年),被封晋安王,食邑八千户。萧纲从小聪明伶俐,记

亿力很强。四岁开始识字读书，能够过目不忘；到六岁时，已经会写文章了。梁武帝对萧纲如此好学非常高兴。有一次，特地把他叫到面前，出了一个题目，要他做一篇文章。萧纲略一思忖，提起笔来就写。并很快写成了一篇辞采华美的骈文，这让本来就擅长文学的梁武帝不禁赞叹道："此子，吾家之东阿！"东阿王是三国时魏国著名的文学家曹植的封号，由此可见梁武帝对萧纲评价之高。萧纲器宇宽弘，喜怒不形于色。另外据说萧纲读书的速度惊人，能够十行同时阅读下去。"十行俱下"的典故就是出自这里。

天监十二年（公元 513 年），萧纲被任命为宜惠将军、丹阳尹，开始处理郡里的各种事务。他虽然还是个少年，但因为读的书多，知识广博，因此处理事务有条不紊，颇有见地。

中大通三年（公元 531 年），萧纲因长兄萧统去世而被立为太子。从此，他就长期居于东宫，经常和当时著名的文士徐摛、庾肩吾等人一起吟诗作赋，过着优闲的宫廷生活。萧纲的文才很好，长期居于深官，因此所作的诗赋伤于轻艳，当时被称为"宫体"。

太清三年（公元 549 年），武帝去世，萧纲即帝位。年号为大宝，在位二年，为侯景所废，幽于永福省，后遭遇被弑，享年 49 岁。梁元帝即位后，追谥为简文皇帝，庙号太宗。

梁元帝萧绎为何弑兄篡位？

萧绎（公元 508～554 年），字世诚，小字七符，自号金楼子。梁武帝萧衍第七子，梁简文帝萧纲之弟。

最初被封湘东郡王。普通七年（公元 526 年）出任荆州刺史，都督荆、湘、郢、益、宁、南梁六州诸军事，控制长江中上游。太清二年（公元 548 年）侯景叛梁围建康，梁各路援军集结于建康城外有二三十万之多。之后命王僧辩击溃在郢州（今湖北武昌）都督中外诸军事的六兄萧纶；并向西魏称臣，袭杀益州刺史萧纪（萧衍第八子）。

萧绎翦除兄弟的目的达到后，便于天正元年（公元 552 年）在江陵即位称帝，年号承圣。但当时梁州、益州已并于西魏，襄阳也在西魏控制之中。江陵形势十分孤立。承圣三年（公元 554 年）九月，西魏宇文泰派于谨、宇文护率军五万南攻江陵。十一月江陵城陷，萧绎被俘，遇害。次年，其子萧方智在建康称帝，追尊为孝元皇帝，庙号世祖。

萧绎有一只眼不能看见，但从小便天资聪颖，好读书，尤其擅长五言诗、工书善画，曾作《宣尼像》，为之作赞并亲自题写，当时人称之为"三绝"。常说："我韬于文士，愧于武夫。"但性情矫饰，多猜忌。生平著述很是丰富，有四百余卷，现如今今仅存《金楼子》。所绘《职贡图》尚存北宋摹本。

武帝陈霸先如何成为一代贤明君主？

武帝陈霸先(公元503~559年)字兴国，汉族，南朝陈吴兴下若里(今浙江省湖州市长兴县)人，是历史上卓越的军事家、政治家。今人大体上对于这样一个皇帝多少有些陌生，毕竟陈朝只是南北朝时期一个最弱的朝代，况且他的地盘还最小。但在历史的长河中，陈霸先却是一位了不起的皇帝。在位三年，他却把太平日子还给了江南。

当初陈霸先在梁国任职，曾辅佐王僧辩讨平侯景之乱。天成元年(公元555年)他杀僧辩，立敬帝，自为相国封为陈王。后受禅称帝，国号陈，都建康，谥武皇帝，庙号高祖。

自古帝王论出身，不是达官就是草根，可陈霸先却什么也不是。陈家在江南也算宗族繁盛，可到底是寒门。但陈霸先青少年时便打鱼练武，兴趣广泛。古代正史对他这时期有这样的评价："倜傥大度，志度弘远，不理家产"；"明达果断，为当时所推服"，又称陈霸先"及长，涉猎史籍，好读兵书，明纬候、孤虚、遁甲之术，多武艺。"寒门出身的他起先担任过里司、油库库吏，不久，又担任了新喻侯萧映(梁武帝侄子)侯府的传令吏。由于他的精明能干很快受到萧映器重，萧映任广州刺史时，授陈霸先为中直兵参军，后出任西江督护，高要太守。梁大同十年(公元544年)，广州爆发兵乱，萧映被围。陈霸先只身率三千精兵，一战便解围，于是便受到了梁武帝瞩目。

大宝二年十月，侯景残杀了梁简文帝萧纲，于十一月自立为皇帝。由此，历史的混乱注定了让陈霸先充当救世主的角色。大宝三年正月，陈霸先南路征讨大军从豫章（今江西南昌）出发，与西路都督王僧辩会师后，三月，在建康与侯景展开了大决战，并彻底摧毁了侯景势力。萧绎此时就在江陵称帝，即梁元帝。而功臣武将陈霸先奉命镇守在京口（今江苏镇江），王僧辩镇守在建康。

梁承圣三年（公元554年）九月，西魏发兵突袭江陵，王僧辩未及时救援，梁元帝被杀。又一次从大局考虑的陈霸先与王僧辩反复商议，结果是迎梁元帝第九子萧方智（公元543～558年）至建康，准备称帝。

再后来陈霸先出于国家民族利益，九月在京口举兵，除去王僧辩，把萧渊明赶下台，拥萧方智登基称帝。一辈子以大局利益为重的他始终有志于祖国的统一大业，平定侯景之乱后，又曾亲自领兵三下广陵，以图收复失地。

太平二年（公元557年）陈霸先禅梁称帝，说是篡逆，实际上是受命于危难之际，不得已而为之。那时北方诸强虎视眈眈，南方梁朝残部也蠢蠢欲动，作乱不休，残破的江南更是百业凋零。故而陈霸先称帝既是民情所需，也是时局所迫。此后百废待兴的江山便在他手中用任贤使能，清明执政的方法治理得局势逐渐稳定。

自登基之后，陈霸先一直恪守兢兢业业的治理态度，外

抗强敌，内整民力，使得大量的广东兵民迁移到江南地区，既补充了人口，又恢复生产，让中华文明的南朝政权终于在此时重复了生机。总之，陈霸先登基后建立的陈朝，看似国力孱弱，却顽强的守住了中国经济最繁荣的地区，为隋唐大一统留下了最丰厚的遗产。

陈文帝陈蒨为何能成为南朝历代皇帝中有作为的一位？

陈文帝陈蒨，公元 559~566 年在位，汉族，字子华，是武帝陈霸先的侄子，始兴昭烈王陈道谭的长子。南北朝时期陈朝的第二位皇帝，也是南朝历代皇帝中很有作为的一位。

陈文帝小时侯就颇有胆识，并熟读经史子集，加上俊美的外表和优雅的举止，高祖特别喜欢他。常称赞他"此儿吾宗之英秀也"。刚开始担任梁吴兴太守。敬帝绍泰元年（公元 555 年），辅佐周文育平定杜龛、张彪，被授为会稽太守。陈武帝即位时，将其立为临川王。后来率军常驻在南皖。永定三年（公元 559 年），武帝陈霸先驾崩，宣皇后与中书舍人蔡景历等私底下计划对外保密，不发丧，并召唤陈文帝陈蒨还朝，拥立为帝，改元天嘉。在位时曾平湘州王琳、临川周迪、豫章熊昙朗、东阳留异、建安陈宝应之乱。

陈蒨在位期间，一直励精图治，从整顿吏治到注重农桑，再到兴修水利等，使江南经济得到了一定的恢复。这时陈朝

政治延续并超越了陈霸先时期的清明,百姓生活富裕,国势也比较强盛。由此他被称为是南朝历代皇帝中难得一见的有为之君。公元566年驾崩,享年44岁,谥号为文帝,庙号世祖。葬于永宁陵(在今南京郊区,目前认定为栖霞区新合村狮子冲一带,今存雄性石兽一对,被认为是南朝陵墓神道石刻艺术的集大成者。也有学者认为该陵并非永宁陵)。

据史书记载,陈文帝"起自艰难,知百姓疾苦。国家资用,务从俭约……妙识真伪,下不容奸,人知自励矣。"仔细考察其在位的所做所为,确实是个不差的皇帝。 例如:陈蒨在位期间颁布的禁奢丽诏、种麦诏等,由此可看出他务实、仁爱的治国态度。天康元年四月, 他还在遗诏中写道:"但王业艰难,频岁军旅,生民多毙,无忘愧惕;今方隅乃定,俗教未弘,便及大渐,以为遗恨。"由此可见,陈文帝对于人民、百姓时刻怀抱仁爱之心, 对于国家也尽心往国泰民安方向治理,的确是一位忧国忧民的好皇帝。此外,陈文帝还信奉佛学,《广弘明集》收有他忏悔的文章数篇。

陈后主陈叔宝为何这般惹人争议?

陈后主(公元553~604年),即陈叔宝,字元秀,南北朝之陈朝末代皇帝,人称陈后主。公元582~589年在位。在位时大建宫室,生活奢侈,每日与妃嫔、文臣游宴,制作艳词。隋兵南下时,忘情于诗词、歌赋、玩乐,恃长江天险,不以为意。祯

明三年（公元 589 年），隋兵入建康（今江苏南京），被俘。后在洛阳病死，追封长城县公。

陈朝自陈武帝陈霸先开国以来，纲纪差不多已经形成定式，天下经陈武帝和陈文帝之手治理后逐渐倾向于安泰，江南之地号称富庶。而后主陈叔宝却是"生于深宫之中，长于妇人之手"。他即位之后并没有沿袭前辈们励精图治的治国方针，而是耽于诗酒，专喜声色。后宫有一个美人，名叫张丽华，后主为太子时，被选入宫，拨为东宫侍婢。那时张丽华年仅十岁。后主心里虽对她很是怜爱，但因为她年小幼弱，不忍强与交欢。因此常以金花笺书写些小词送给张丽华。丽华虽年幼，但天性聪明，吹弹歌舞，一见便会，诗词歌赋，寓目即晓。随着年龄的增长，愈发出落得轻盈婀娜，又因书文的熏陶下举止闲雅，更显得姿容艳丽。不久宣帝驾崩，陈后主正式即位，立即册封张丽华为贵妃。

陈国自武帝开国以来，内廷的陈设几乎都很简朴。奢侈骄淫的后主嫌其居处简陋，不能作为藏娇之金屋，便在临光殿的前面，又建起临春、结绮、望仙三阁。史称"阁高数十丈，袤延数十间，穷土木之奇，极人工之巧。"窗户、墙壁、栏槛，都是用沉檀木做的，并且还以金玉珠翠作为装饰。门口垂着珍珠帘，里面设有宝床宝帐。那些奇珍异品、器物瑰宝，几乎都有。

宠姬张丽华也的确是艺貌双佳。她非常聪明，能言善辩，

鉴貌辨色，记忆尤其好。当时百官的启奏，由于陈后主的疏于政事，都由宦官蔡脱儿、李善度两人初步处理后再送进来，有时连蔡、李两人都忘记的内容，张丽华却能逐条裁答，无一遗漏。起初她还只执掌内事，后来开始干预外政。王公大臣如有不听从内旨的，也只由张丽华一句话便马上受到疏斥。

陈叔宝由于热衷于诗文，因此他周围聚集了一批文人骚客，这些文人骚客都由诗文来拜与官职。只是这些朝廷命官，从不理政治，只天天与陈叔宝一起饮酒做诗听曲。除此外，陈叔宝还将十几个才色兼备、通翰墨会诗歌的宫女名为"女学士"。那些才有余而色不及的，便命为"女校书"。每次宴会，诸妃嫔与女学士、狎客杂坐一处吟诗作对，互相赠答，飞觞醉月，但内容大多是些靡靡的曼词艳语。最后还会选出那些写得特别艳丽的诗歌，命人谱上新曲，令聪慧的宫女们学习新声，按歌度曲。君臣酣歌，连夕达旦，并以此为常。所有军国政事，皆置不问。故陈后主曾做的《玉树后庭花》中那句"玉树后庭花，花开不复久"便成为后来有名的亡国之音。

这样子沉迷于诗词歌赋而荒芜朝政的荒唐皇帝造就了这样一种社会氛围：内外大臣专好一些迎合奉承之事。尚书顾总博学多文，尤工五言七言诗，溺于浮靡。后主对他很宠信，游宴时总会叫上他。而顾总好做艳诗，于是好事者争相效尤，抄传讽玩。山阴人孔范文章瑰丽。深知后主不喜欢听别人说他的过失，他便在这方面善于为后主饰非，因此受后主宠

遇优渥。由此他极尽文人嚼舌之能事，非议朝政得失。从此带兵的将帅微有过失，后主就夺他们的兵权，文史官员反而得势。这造成的后果只能是边备越加松弛、文武懈体，士庶离心。而君臣生活穷奢极欲，国力便逐渐衰弱下来，离覆亡不远了。

后人都感叹后主的荒谬无作为，但在陈叔宝眼里，他做诗、度曲才是正业，管理国家不过是他偶一为之的"副业"而已。因此才会在隋军兵临城下时，告急文书未曾开拆就丢在床下；还会完全忘却了一个皇帝起码的尊严，在隋军攻入时与妃嫔相拥躲于井下。对我们这样的说法陈叔宝也许很是觉得委屈，因为他一生只是将自己当作一个风流才子，一个诗文骚客。亡不亡国？有无作为？皇帝的体面？那都无所谓。

因此陈后主的好日子就像玉树后庭花一样短暂，仁寿四年，死于隋大兴城，时年五十二岁。虽然他并不是一个称职的皇帝，但是客观地讲，他在辞赋上确实有很高的造诣，创作出了很多辞情并茂的好作品。

道武帝拓跋珪为何精神失常？

北魏道武帝拓跋珪（公元371～409年），又名涉珪、什翼圭、翼圭、开，鲜卑族人，是北魏的开国皇帝。

拓跋珪是十六国时期代国国君、军事统帅拓跋什翼犍的孙子，马踏柔然、统一北方的太武帝拓跋焘的爷爷。公元376

年,前秦灭掉了代国,拓跋珪由其母亲贺兰氏携走出逃。10年后即公元385年,15岁的拓跋珪趁着前秦灭亡、北方混乱的时刻重兴代国,在盛乐即位为王。又在次年即公元386年改国号为"魏",是为北魏,改元"登国",公元398年,他将国都从盛乐迁到了大同,自称为皇帝。

拓跋珪自16岁开始一直致力于复兴代国。他积极扩张疆土,可谓是戎马一生。首先他于高柳城打败窟咄,在弥泽湖大破刘显,又不远千里袭击消灭了柔然,渡河灭掉匈奴,向北攻打高车,后来还一步步虎视进足中原,大破掉后燕。然而,进入中原后的拓跋珪并未如他征战生涯般所向披靡,相反,由于鲜卑族与汉族之间重重民族矛盾的困扰,他开始变得残暴、冷酷。在这些政治问题中的束手无策致使他变得精神失常,并且最终被自己的亲生儿子拓跋绍刺杀,终年仅三十九岁。谥号为道武皇帝,庙号烈祖。

太武帝拓跋焘是如何横扫北方统一大漠的?

太武帝拓跋焘(公元408~452年),字佛貍,北魏第三位皇帝,是北魏明元帝拓跋嗣的长子,正平二年崩于平城,享年44岁,谥号太武皇帝,庙号世祖,史称魏太武帝。在拓跋焘统治期间,北魏不仅统一了黄河流域,使西晋末年以来北方地区的割据混乱局面得以结束,还为北方社会经济文化的恢复和发展提供了有利条件。

　　纵观太武帝拓跋焘的一生,可以看出他是一位优秀的军事家,政治家及骑兵统帅。首先,于公元 427 年,他率军攻赫连夏,发生了非常著名的北魏攻夏统万城之战。这场空前的骑兵攻城战例,让后世军事家们都极力推崇,可见其作为骑兵统帅的军事指挥能力。之后,他又讨伐消灭了山胡,降伏了鄯善,并向西远逐吐谷浑,致使北凉灭亡,结束了北方一百五十多年混战的局面,统一了中国北方。当然,当时北魏在向东西扩张时,也受到了北方柔然的威胁,但拓跋焘凭借优异的军事能力,不仅马踏柔然,还将边塞军务整顿的有声有色。

　　公元 430 年,南朝的刘宋皇帝刘义隆北伐,太武帝命北魏将士王慧龙、韩延之、司马休之等人率军顽强抵抗,击退了刘宋。并于公元 450 年,大举南下对刘宋反攻。不过虽然拓跋焘在对宋的战争中频频取得很大的胜利,却使军民疲惫,并且远征也消耗了较多的财力物力,很多将士还染上疾病。总之,北朝的各项损失还是非常大的。

　　另外,拓跋焘灭佛在北魏历史上是一件大事,甚至在中国封建史上也是很有名的。太延四年,太平真君五年和七年,他三次下诏打击佛教,要求全国各地碎佛像、焚佛经、诛杀僧侣。他所秉承的观念是:不负担赋税、徭役的僧侣人数增多,就会大大减少政府的财政收入;而寺、塔、经、像的增多,却是社会人力,物力的极大浪费。并且在拓跋焘大力提倡"文教",以儒学"一齐政化"、"政齐风俗"的前提条件下,他更是

认为佛教的流传只会招致"礼义大坏"、"天常大乱"、"王法废而不行"的恶果。因此,拓跋焘才会要坚决打击佛教。当然从历史角度来看,虽然拓跋焘崇儒灭佛,一定程度上有利于社会经济的发展,也促进了北魏封建化的进程。但由于这是历史上第一次的灭佛运动,没有已有经验作为借鉴,致使他采取的手段有些过硬,有些还存在某种激进,所以整体来讲并不十分成功。

拓跋焘作为戎马一生的军事家,在军事措施上可谓是大手笔。除了重用汉世家大族崔浩等为谋臣,把握作战时机外,他还开创了骑兵闪击战的雏形。并特别重视军队的建设。他向来赏罚分明、严肃军纪,治军严格、不论出身选拔将才并各用其长。在历次战争中,常常身先士卒,甘做表率,加上决策果断,部署周密,讲究战法,指挥灵活。

生活中的拓跋宏,素以朴素节俭,威武豪迈,刚毅自律,直爽坦率著称。为了治国安民,他喜欢听取古弼,高允等忠臣们直言不讳的进谏。但是在晚年却由于刑罚设置过于残酷,诛戮人士过多而留下英明史上的些许遗憾。正平二年三月被宦官宗爱(时任中常侍)暗杀。

献文帝拓跋宏为何是个特殊皇帝?

北魏献文帝拓跋弘(公元454~476年)文成帝拓跋浚的长子。公元456年被立为太子,公元465年继位。他由于崇尚

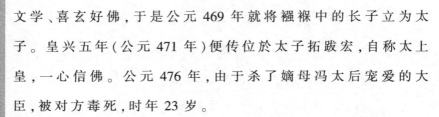

文学、喜玄好佛，于是公元 469 年就将襁褓中的长子立为太子。皇兴五年(公元 471 年)便传位於太子拓跋宏，自称太上皇，一心信佛。公元 476 年，由于杀了嫡母冯太后宠爱的大臣，被对方毒死，时年 23 岁。

后人向来因为献文帝一心向佛而将他称为北魏王朝的一个特殊皇帝。其实在其短暂的政治生涯中确实存在着两种相对立的情愫，既富有喜剧的色彩，又充满着悲剧的情调。首先，拓跋宏是个文武全才，12 岁继位时就显露出了超人的才能和魄力。他整顿内政，增强国力，四出征讨，致力于统一，俨然一副英明君主大有作为的架势。并且还因组织指挥了著名的女水之战而名著史册。但是，在亲政五年正当其统治事业进展顺利之际，他却突然将皇位让给了五岁的太子拓拔宏。

对拓拔弘的这种异常举动，《魏书·显祖纪》和《北史·魏本纪》的解释是：拓拔弘热衷于老庄、佛图之学，因此看破红尘，想抛开政务纷繁的皇位去过清静优雅的生活。而《魏书·天象志》却说："上迫于太后，传位太子。"其实不管这两种说法哪种更倾向于正因，拓跋弘在位时的政绩却是不容抹杀的。

《魏书·显祖纪》说他"聪睿机悟"，从小就有君临天下的"济民神武之规"。自他 12 岁亲政以后，由于"勤于为治，赏罚严明，拔清节，黜贪污"，使得北魏吏治面貌大为改观。原

来官吏贪污、纲纪败坏，民族矛盾尖锐的问题虽没有从根本上解决，倒也暂时收到了明显效果。除此外，他还根据中原的实际情况，改革赋税制度，减轻人民生活负担，缓解矛盾。所以不能不说拓拔弘有治国之术。并且拓拔弘即位以来，军事上也取得很大胜利。对北方，他亲自督率四路大军征讨柔然，杀掉无完人，俘获万余人，得戎马器件不可胜计。对南面，他重用大将尉元，降宋将毕众敬、张谠等，取得刘宋之徐州和兖州，拓宽了北魏的南疆。这些内政、外交上取得的显著成果，足以证明拓拔弘是个文韬武略，既有雄心又有胆略的皇帝，而并不是懦弱平庸之辈。

后人评价拓跋弘，仿佛习惯从他"避世"方面入手。认为他只是一个喜好研究老庄的文弱书生，在针对冯太后的对抗中也似乎一直处于被动的位置。其实，拓跋弘也具有政治家的刚严素质。例如：为了进一步整治贪污受贿之风，他曾制定一条强硬的法律"吏受所监临羊一口，酒一斛者，死，与者以从坐论"（《魏书·显祖纪》）；而对于不依附于自己，对统治不利的人，拓拔弘能断然采取措施，格杀勿论。况且据史书记载，禅位之后的他也没有去过太上皇的清闲日子，更没有沉湎于老庄而避世无为。相反，他还为着江山社稷着想。曾频频发布诏令，制定国策，并亲自带兵出征，为了成功辅佐幼帝还多次在政治、军事、内政、外交上采取切实可行的措施并取得成果。所有这些行为都表明禅位之后的他实际上仍旧履行着

皇帝的职责,发挥着皇帝的作用。

由此,我们可以看出,拓跋弘内心深处一心想励精图治,内外并举,创造一个清明安定的天下。可后来发生的事情的种种迹象表明:他只是封建政权残酷争斗下的一个牺牲品,他的禅让也只是一种对现实大局作想所做的退让,处于那样一个时代做那些行为,他身不由己。

孝文帝拓跋宏为何如此有作为?

北魏孝文帝拓跋宏(公元467~499年),鲜卑族,生于平城(今山西大同北),是历史上难得一见的一位卓越的少数民族政治家、军事家和改革家。他崇尚中国文化,实行汉化,禁胡服、胡语,改变度量衡,推广教育,改变姓氏并禁止归葬等。这些措施都大大提高了鲜卑人的文化水准,是对西北方各民族陆续进入中原后进行民族融合的一次总结,对中国民族之间的和睦共处起了重要的促进作用。

拓跋宏是北魏献文帝拓跋弘的长子,也是北魏的第6位国君。2岁被立为太子,5岁便当上皇帝,但年幼的拓跋宏是由祖母抚养并代为摄政的,因此公元471~490年的朝政都由太皇太后冯氏一手把持。

公元490年,24岁的拓跋宏开始亲政,从而开始了他大刀阔斧的汉化改革运动。孝文帝拓跋宏本身对于汉文化非常热爱,有很深的汉文化造诣,再通过对于鲜卑族历史的总结

及对未来发展的展望,他更认为鲜卑族要发展壮大只能采取汉化,因此以空前的热情与决心开展此项运动。于是在那个北方草原游牧民族与南方中原汉族文化大融合大碰撞的时代,掀起了民族大融合的高潮。而作为此方案的第一步,就是迁都洛阳。

首先,我们来看一看孝文帝迁都的目的和意义。自拓跋珪定都平阳以来,这里一直作为是北魏的首都,但平阳地位偏北不居中,因此很难控制统一整个北方;加上北方柔然的骚扰,在军事战略上来讲定都此处对北魏政权的巩固很不利;再者因为常年发生自然灾害,水旱疾病肆虐,百姓生活苦不堪言,卖儿卖女,流浪逃亡者甚多,民不聊生!在如此不利的条件下迁都洛阳,从中可见北魏孝文帝高瞻远略,贤明能干的一面。而他由于对太子顽固抵触迁都所表现出来的废太子、杀太子行为,更让我们看见了他的宏图壮志及坚定决心。

迁都之后,紧接着拓跋宏便进行了官制的改革。他依照魏晋设置三师、三公、尚书、中书、四征、四镇和九卿等中央的文武官吏;地方上设刺史、郡设太守,还设县令,且取消了王宫贵族世袭所设的假爵位。这些做法便清除了以前体制的弊病,杜绝了官姓家族的发展,是一项惩制官吏腐败的良好措施。

孝文帝实施汉化运动的步骤中,最重要莫过于禁止说胡语着胡服,宣传引导人民说汉语,穿汉服了。作为一国之君的

拓跋宏，为了终极目标"强国富民"，实施深化步骤"汉化运动"，他带头讲汉语，穿汉服。并于公元 495 年，还下诏令，制定了不得以"北俗之语，言于朝廷，若有违者，免所居官"的制度。在改制胡服方面，孝文帝为了能将其逐步汉化，经能工巧匠设置六年方才完成。从此北魏无论男女老幼均需穿汉装。

另外，为了推行汉化，孝文帝在改鲜卑姓氏和通婚方面也实施了重大举措。公元 496 年，孝文帝率先改帝室拓跋氏为元氏。而北魏太祖以来的各大姓氏，也都改为汉姓；在通婚方面，孝文帝下令禁止鲜卑同姓内部通婚的陋俗，自己带头积极倡导和推行鲜卑贵族与汉族大姓之间通婚。他还迎娶范阳卢氏，清河崔氏、荥阳郑氏，太原王氏之女，以充后宫，又以陇西李冲之女为夫人，并且他还让众多兄弟和一些鲜卑贵族也娶汉家女为妻为妾。通过这样异族间的通婚，不仅进一步融合了鲜卑族与汉民间的关系，也使鲜卑贵族和汉人名望士族紧密的结合。而这对于消除双方长期存在的民族矛盾，促进血统融合，支持北魏的封建统治都有非常积极的意义。

孝文帝还对汉族的文化艺术也有很大兴趣。由于他从小就接受汉族文化的教育，所以不仅"五经之义"能拿过来就讲，史书传记、诸子百家更是涉猎颇多，甚至对汉族的诗文也很有研究。因此在汉化过程中，孝文帝除了改革鲜卑贵族的生活习俗，还教育他们学习汉族文化，让他们接受汉族文化

的洗礼，来提升鲜卑族人文化层次。虚心好学的孝文帝在亲自行动的模范作用下，鲜卑族社会形成了良好的汉文化学习氛围，自身民族的文化素养也在逐步提高，还复兴了旧时因战乱而衰弱的北方文化。由此，鲜卑人进步得很快。

宗教艺术方面，孝文帝对北魏的发展也有很大贡献。由于其父亲献文帝就是个极其虔诚的佛教徒，他本人也崇信佛教，因此便大力提倡佛教。在他统治期间，佛教在北魏迅速发展起来。而佛教的发展又推动了佛教艺术的发展。当时最重要的佛教艺术形式是"石窟艺术"。我国现存的三大石窟之一的洛阳龙门石窟就是孝文帝正式迁都洛阳那一年开始开凿的。另外，驰名中外的少林寺也是孝文帝于太和十九年为远道而来的印度高僧跋陀修建的。

北魏自太武帝去世后，后任历代皇帝便不再实施太武帝以武力和节俭强国的政策，政治日趋腐败。魏孝文帝想扭转这种局面，实行汉化时便规定了官员的俸禄，并严厉惩办贪官污吏；实行了"均田制"。所谓的"均田制"就是把荒地分配给农民种植谷物类，成年男子每人可领的40亩，妇女每人20亩，另外还对他们分给桑地。并且规定农民必须向官府交租、服役。死后，除桑田外，都要归还官府。如此一来，开垦的田地多了，农民的生产和生活比较稳定，北魏政权的收入也增加了。

正是拓跋宏这种赏罚分明、办事果断、态度坚决，意志坚

定，才促进了民族间的融合，对我国这样多民族国家的发展做出了巨大贡献。

宣武帝元恪为何有心无力？

宣武帝元恪（公元 483~515 年），北魏王朝的第 7 位皇帝，孝文帝的第二个儿子。于孝文帝太和二十一年（公元 497 年）被立为太子，太和二十三年（公元 499）四月十二日即位，在位 16 年。延昌四年（公元 515 年）正月，因病逝于皇宫式乾殿，终年 33 岁。元恪死后庙号为世宗，谥号宣武皇帝。

在元恪统治之时，南朝的齐王朝正处于齐东昏候萧宝卷的残暴、昏庸的统治之下，社会混乱，人民生活痛苦不堪。元恪看准了这个时机，毅然趁势发兵，于景明元年（公元 500 年）南下讨伐齐朝，八年后战事宣告结束。此时，北魏已经占领了扬州、荆州、益州等地，幅员边疆较辽阔，人民数目众多，国势盛极一时。

踌躇满志的元恪在此时对向外扩张收手，准备回身将精力放在治理国家的内政上。但此时的北魏，由于长年对外战争吸引了注意力，朝廷内部已经出现诸多贪官污吏这等蛀虫。元恪叔父元禧不仅昏庸无能，还侵吞了大量田地和盐铁产业。另一辅政亲王元详，也大搞"官倒"生意。更糟糕的是这种行为上行下效，形成了较恶劣的社会风气，元恪却没有及时严惩，最终的结果只能是使得朝廷上贪污腐败的现象越

来越严重。

元恪对于这种亡羊补牢的情况自然也是无力回天，到了其统治的后半期，又出现了外戚高肇专权，朝廷由此更加腐败。而出身卑微的高肇对皇族亲王们满怀嫉恨，曾利用外甥皇帝对自己的宠幸，逼杀了北海王元详，又将诸亲王置于自己的控制之下。如此混乱不堪的朝政终于引起了社会的不满，到了元恪统治末年，人民起义已是此起彼伏，元恪只能花大量的精力在镇压起义上。因此，面对着满目苍夷的北魏，元恪只能是无能为力。

延昌四年（公元515年），元恪病逝于皇宫式乾殿。葬于景陵（今洛阳东北）。

孝庄帝子攸为何称作"有为傀儡"？

魏孝庄帝元子攸（公元507～530年）在位三年，为北魏第十代皇帝。

孝庄帝因河阴之变以后被尔朱荣拥立为傀儡皇帝，可偏偏他是个有为青年。史书称他"旧勤于政事，朝夕不倦，多次亲自览阅案卷，消弥冤狱"。当时朝政都由尔朱荣在晋阳控制。魏庄帝左右的大臣、内侍等，也全是尔朱荣安插的眼线，所以皇帝的一举一动尔朱荣都知道。但偏偏尔朱荣还要干涉孝庄帝的私人生活，他强迫孝庄帝立本是北魏孝明帝侧妃的自己女儿为后。

　　孝庄帝即位不久,葛荣领导的号称百万的起义军继续南下,北魏国都洛阳受到严重威胁。孝庄帝便派大将军、太原王尔朱荣率7万骑兵,以侯景为前锋,在邺城围攻葛荣。葛荣自恃兵多将广,麻痹轻敌,被尔朱荣一举击败。而尔朱荣由于镇压葛荣有功,孝庄帝封其为大丞相,都督河北京外诸事,并封尔朱荣的儿子为王。加上对葛荣旧部20余万起义群众的接管、使用,尔朱荣集团逐渐拥有强大的兵力,直至完全控制了朝廷大权。

　　孝庄帝本就是一个实实在在的傀儡,外有强臣尔朱荣相逼迫,内有恶后尔朱皇后威吓,所以经常快快不乐。但孝庄帝又不如历史上的那些傀儡皇帝那样任人支配、宰割。所以等到尔朱荣准备密谋篡位,双方摊牌之时,他竟然开始与一些皇族近臣密谋诛杀尔朱荣。这事本就做的不严密,理所当然传到了尔朱荣那里。虽然尔朱荣的亲信都劝他抢先下手,但尔朱荣自信满满,认定了傀儡孝庄帝决计没有这种胆量。那天尔朱荣入朝,当面问起外面这种传言。孝庄帝却说:"外面的人都说您也要杀我,难道这是真的?"这种巧妙的反问使尔朱荣无言以对。

　　另一方面,帝党却对刺杀尔朱荣的行动开始加紧进行。公元530年九月戊戌日,孝庄帝埋伏兵士在明光殿东序,然后派遣使者飞报尔朱荣,声称尔朱皇后刚刚生下太子,文武百官络绎不绝地到皇宫道贺,祝贺尔朱荣荣升为外公。过于

自信的尔朱荣没有任何质疑便进宫入殿。见到孝庄帝,尔朱荣还没来得及开口道喜,就看见有两个人从殿东门持刀跑进来,他条件反射地直奔御座想挟持孝庄帝抵抗。但孝庄帝膝上早已有所准备,一刀直接刺入他腹部,尔朱荣便最终死在了他不放在眼里的孝庄帝手中。

同年十月,尔朱荣的从子汾州刺史尔朱兆和和其从弟尔朱世隆共同起兵,推戴太原太守兼并州事长广王元晔即皇帝位,孝庄帝随即被送到晋阳拘禁,不久被缢死。时年 24 岁。

孝静帝元善见为何被称为最窝囊的傀儡皇帝?

孝静帝元善见(公元 524~551 年)为北魏孝文帝曾孙,清河文宣王元亶的儿子。北魏孝武帝永熙三年十月,经高欢群臣详细商议后,立元善见为皇帝,即位于邺城东北,改元天平,东魏正式建立。

史书记载,元善见自幼就很聪明,能洞悉先机,并且喜好文学,宴会之时,多命群臣赋诗作对,很是温文儒雅。但这样子的性格也侧面反映出孝静帝为何始终是个窝囊的傀儡,未能亲政。被立为帝时,他年仅 11 岁,由权臣高欢辅政。高欢却善于玩弄权术,且权势益大,权倾朝野,令孝静帝天天提心吊担,对高欢颇为畏惧。

况且,东魏初期时局动荡,烽烟四起。东面有兖州、青州的举兵起义,西面有西魏的草寇掳掠,南面还有萧梁的进攻,在这种复杂的局势下,11 岁的孝静帝根本无力应付。再者,

父亲的废立遭遇，也让他学会了隐忍，所以一切惟高欢之命是从，做了个历史上最屈辱的傀儡皇帝。

靠讨伐叛逆、复辟君位起家的高欢的野心很大，但却一直不敢轻易篡位称君。孝静帝由于自幼聪明，加上几年的傀儡生涯使他更懂得人情世故。因此，为了拉近与高欢的距离，天平四年（公元538年），孝静帝主动提出立高欢的二女儿为皇后。对此，高欢并未领情随他愿，但孝静帝一直死缠硬磨。直到兴和元年（公元539年）五月，孝静帝终于成为高欢的女婿。

武定五年（公元547年），高欢去世，高澄承袭父职，继续把持着东魏朝政。但高澄并未像其父一样讲究点些许"君臣道义"，在他看来，东魏的江山是高家打下来的，皇帝的姓氏就该是高。为此，他开始了一步步篡位的行动。并为了控制孝静帝，高澄提拔心腹崔季舒当黄门侍郎，监视孝静帝的一举一动，可想而知，此后孝静帝只能处处受高澄摆布。

武定七年（公元549年）四月，高澄趁着"侯景之乱"，攻陷了萧梁不少城池，孝静帝被迫封他"相国，封齐王，赞拜不名，入朝不趋，剑履上殿"。慢慢有了功勋，有了高位的高澄，篡逆之心更加膨胀，对孝静帝的欺辱、羞辱和侮辱也变得肆无忌惮。但孝静帝也是人，况且他身体里还流着拓跋珪、拓跋宏的血，所以尽管他身为傀儡，无力抗争，但挣扎总得有一下的。于是便与元瑾、刘思逸等人密谋讨伐高澄，无奈计划失败

被囚，差点被杀。之后，高澄被厨师兰京刺死，高澄的弟弟高洋逼孝静帝禅位。

高洋即位之初，对孝静帝还算优待。然而，这一切只是个假象，目的都是高洋为赢得支持而做的政治文章。一年后，随着北齐政权根基的牢固，孝静帝自然也就变成了毫无必要的累赘。天保二年（公元551年）十二月，高洋设宴款待孝静帝时，偷偷在杯中下了毒，孝静帝没有防备，结果中毒而死。随后，他的三个儿子也被高洋杀害。

11岁即位，27岁禅位，28岁被杀，孝静帝在悲愤中走完了屈辱的一生。甚至在他活着的时候，就被人称作"痴人"，骂作"狗脚"，指责"谋反"；死后，已经狼狈了一辈子的可怜人竟然还要白纸黑字被录入正史，并且与汉献帝刘协、宣统帝溥仪等人相比，所以孝静帝元善见堪称中国历史上最屈辱的傀儡皇帝。

西魏文帝元宝炬真是百万之师为红颜吗？

西魏文帝元宝炬（公元507～551年），鲜卑族，是西魏的开国君主，也是北魏孝文帝的孙子。公元535年，他由宇文泰拥立为帝，改元大统，定都长安，史称西魏。共在位17年，于公元551年驾崩，葬在永陵（在今陕西富平县东南），谥号文皇帝。

元宝炬的父亲叫元愉，是孝文帝第三子。公元508年元

愉对外声称宣武帝已经被权臣高肇所杀,随即准备占据冀州称皇帝,无奈起兵失败被擒获,自缢死去,元宝炬的母亲杨氏在生下遗腹女儿(即平原公主元明月)后也被处死。此后,元宝炬与兄弟宝月、宝晖、宝掌及妹明月都被幽禁于宗正寺。直到公元 515 年宣武帝死后,他们才重获自由。

有了自由后的元宝炬此后便依附于宗室。当时北魏孝明帝时期是胡太后摄政,扰乱朝纲,元宝炬于是秘密同孝明帝商量诛杀胡太后,却没有成功。公元 532 年,北魏孝武帝即位,他又被封为太尉,加侍中。永熙二年(公元 533 年),被加官为太保、开府、尚书令。

永熙三年(公元 534 年),孝武帝与权臣高欢决裂,封元宝炬为中军四面大都督。此后,孝武帝率众人入关中投奔宇文泰,而高欢带兵从晋阳南下,立清河王元亶之子元善见为帝,北魏从此正式分裂成东西魏。被封为中军四面大都督的宝炬理所当然随孝武帝入关,被拜为太宰、录尚书事。由于孝武帝的宠妃元明月被宇文泰设法逼杀,武帝与宇文泰关系破裂。随后宇文泰杀死了孝武帝。并拥立元宝炬为帝。

公元 535 年正月,元宝炬即位,改元大统,称为西魏文帝。可元宝炬贵为皇帝十七年,大权却差不多都掌握于宇文泰之手,而文帝自身也与宇文泰维持微妙的君臣关系。是时,柔然很是强盛,对西魏造成了极大威胁。权臣宇文泰伺机劝文帝纳柔然头兵可汗阿那瑰之女为皇后,以此结好柔然,以

期各自相安无事。但元宝炬称帝之初已经册封乙弗氏为皇后，而且乙弗皇后具有良好的道德修养。她生性节俭，生活朴素，平日里甚至不介意穿旧衣服，吃蔬菜，也从来不配戴珠玉罗绮这些奢华首饰，为人更是仁厚宽恕、没有嫉妒心。因此魏文帝与她向来是情谊深厚。宇文泰为此劝了文帝很久，还从江山社稷方面出发逼他废掉皇后重立新后。大统四年（公元538年）二月，文帝无奈之下废除了乙弗皇后，三月，立柔然公主郁久闾氏为皇后。

郁久闾氏生性嫉妒，性格泼辣，在自己被册封为后之后，还是十分不满已经废掉的乙弗氏还住在都城。西魏文帝迫于无奈，只好派遣武都王戊为秦州刺史，与母亲乙弗氏一同远去此地。由于文帝和乙弗皇后感情深厚，心中一直对她念念不忘，还曾秘密吩咐已经削发为尼的乙弗氏养发，大有追还的意思。大统六年（公元540年）春，柔然再次大举向南侵袭，有不少人认为这都是因为乙弗皇后的缘故。文帝无奈地表示："岂有百万之众为一女子举也？虽然，致此物论，朕亦何颜以见将帅邪！"随后只能忍痛赐乙弗皇后自尽。

于是，魏文帝与乙弗皇后的情分只能就此完结。

北齐文宣帝高洋如何将北齐炼就成"人间地狱"的？

北齐文宣帝高洋（公元529~559年），字子进，汉族，南北

朝时期北齐的开国皇帝，他其实是东魏权臣、北齐神武皇帝（追谥，实际尚未即位）高欢的第二个儿子、北齐文襄皇帝（亦为追谥，实际尚未即位）高澄的同母弟弟。在位10年，将北齐社会炼就成了一座活生生的"人间地狱"。

　　小时候的高洋并无出彩的地方，他长相平凡又沉默寡言。但这种沉默中其实蕴含了大智若愚，聪慧过人的特点。所以虽然他经常被自己的兄弟嘲笑或玩弄，但他的才能却很是得到父亲高欢的欣赏。在同母哥哥高澄被奴隶刺杀以后，高洋便接过哥哥的棒子牢牢地掌握了朝政大权。懦弱无能、窝囊成型的东魏孝静帝元善见在如此形势下只好封他做了丞相、齐王。性格残暴的高洋不像他的哥哥高澄那样理会君臣伦理，他的思想中认定了一个理，那就是：打下天下的人才有资格坐拥天下。于是不甘当傀儡皇帝大臣的他在公元550年废掉了元善见，自立为帝，改元"天保"，建都邺。年仅20岁便建立了北齐。

　　其实在他在位初年，也颇有功绩。他留心政务，削减州郡，整顿吏治，训练军队，加强兵防，使北齐在很短的时间内强盛起来。除了内政上的修为，外交上他也取得了一定胜利。北齐逐渐强盛后，高洋便出兵进攻当时很强悍又具有侵袭性的柔然、契丹、高丽等国，都大获全胜。在此基础上，北齐的农业、盐铁业、瓷器制造业飞速发展，是同陈、西魏鼎立的三个国家中最富庶的，由此也可说高洋是中国历史上少见的年

轻有为君主。但他的这种年轻有为并没有坚持多长时间，在短暂的忧心国事，操理政事之后，他就腐败起来。腐败后的他整日沉湎于酒色之中，不理朝政。为了满足穷奢极恶的生活，他在都城邺（今河南安阳）修筑了三台十分豪华的宫殿，动用了十万民夫。甚至在高洋在位的后期，他开始丧心病狂地压迫人民。虽然自身是汉人，但是他却为了维护鲜卑贵族利益而大肆屠杀汉族人民；朝政逐渐腐败，国势日趋衰落，军队战斗力下降，所有这些将北齐变成了一个黑暗无比的"人间地狱"。北齐天保十年（公元559年），高洋在这种奢华生活中断命，时年仅31岁，谥号为文宣皇帝，庙号为显祖。

高洋死后，北齐统治阶级内部愈来愈混乱了。

武成帝高湛因酒色过度而死？

高湛（公元537～568年），小字步落稽，北齐第四任皇帝。是东魏权臣高欢的第九个子，母亲为娄氏，是文襄帝高澄、文宣帝高洋、孝昭帝高演的同母弟弟。因过于沉迷酒色而死，时年32岁，谥号武成帝，庙号世祖。

武成帝小时候长的仪表堂堂，深得父亲喜爱。北齐建国后的天保初年，被进爵为长广王。与兄长孝昭帝高演一起谋划诛杀了杨愔等人，废掉皇帝高殷。高演继位为孝昭帝时，将他封为右丞相，顿时权倾朝野。

当皇帝没几天的高演患了重病，高湛曾经秘密与族侄高

元海及高归彦等人商量，准备此时发兵篡位，但巫师占卜却说"不利举事，静则吉"。于是高湛便静候佳音。其实病入膏肓的高演自己心里也在打着如意算盘，他思索着不能让自己的儿子高百年落得高殷的命运（高殷是高洋的儿子，因为父亲驾崩而继位。高洋临终前嘱咐高演辅助高殷，过不久，高演却通过发动政变，废杀了侄子高殷，自己即帝位），临死前决定传位给同母弟弟高湛。皇建二年（公元561年），高湛继位，改元太宁，是为武成帝。封孝昭帝太子高百年为乐陵郡王。

武成帝高湛没有什么本事，也没有治理国家的宏图大志，所以他当位期间，只知道残害宗室，沉湎于美色，宠信小人而不思国事，北齐处于岌岌可危的境地。公元565年，贪图享乐的武成帝传位于太子高纬，自为太上皇帝。天统四年（公元568年），只32岁的高湛便因为酒色过度而死。

后主高纬是如何演绎"荒诞不经"的？

北齐后主高纬（公元556~577年），"酒色皇帝"高湛的儿子，完全继承了其父辈"骄淫奢侈"的衣钵，并有发扬光大的趋势。在位12年，开创了"人畜和谐为官"盛世。河清四年（公元565年），年仅10岁的高纬便作了北齐的皇帝，开始了北齐荒诞历史的演绎。

高纬小时候有个奶妈叫陆令萱，她是因为丈夫犯有谋叛罪而沦为皇宫女仆的。有一定野心的陆令萱看准了身为太子

的高纬终有一天会黄袍加身。因此，当奶妈时便开始施展政治投机手腕，讨好胡太后以此来结党营私。高纬登基后，陆令萱被封为女侍中。因为高纬的生活荒唐放纵、不理朝政，陆令萱、和士开、高阿那肱、穆提婆、韩长鸾等佞幸小人自然而然把持了朝政。一时间她们在朝廷上勾结亲党、公然贿赂、判狱不公、滥施官爵。导致奴婢、太监、娼优等人都被封官晋爵。

高纬在位期间，大肆兴修宫殿，极其奢侈。更为荒唐的是，他所豢养的鸡、马、狗等家禽也予以封官，并享受俸禄。皇宫大臣如果有对这件事情做劝谏的，不论出身一律杀死，家属充边，财产没收。甚至高纬的牛、马、狗、鸡的地位同大臣们一样，他的爱马封为赤彪仪同、逍遥郡君、凌霄郡君。斗鸡的爵号有开府斗鸡、郡君斗鸡等。

皇宫中共有 500 个宫女，思想怪异的高纬却将每个宫女都封为郡官，甚至每个宫女都赏赐给一条价值万金的裙子和一座价值连城的镜台。对于宫内的珍宝，他也是往往早上爱不释手，晚上就视如敝履，随意扔弃。除了在都城邺城大兴土木工程外，他还在晋阳广建十二座宫殿。这十二座宫殿无一不是丹青雕刻，巧夺天工，让晋阳比邺城更为华丽。高纬还曾在晋阳的两座山上叫工匠们夜以继日地凿两座大佛，晚上则用油作燃料点燃。一夜之间，数万盒油同时燃烧，几十里内光照如昼。

向来骄淫奢侈的北齐早已是满目苍夷，千疮百孔，可到

高纬时期这么一折腾，更是朝纲紊乱、民力凋尽、徭役繁重、国力空殚。然而高纬根本没把这一切放在心上。在如此国力凋落的时刻不仅不思进取，不忧心国事，他还自称"无愁天子"，常常谱曲，拿起瑟琶，自弹自唱。而宫内近千名太监、奴婢一齐在旁伴唱，整个皇宫歌声缭绕，好一片"太平盛世"景象。

武平七年（公元 576 年）十月，北周武帝亲自率领三路大军，向北齐进攻。在周武帝军队进攻军事重镇晋州（今山西临汾）时，高纬和宠妃冯淑妃正在邺城郊外打猎。晋州告急的文书从早上到中午就没有停过，然而右丞相高阿那肱却能扬手把文书扔到一边，若无其事地说："皇上正在兴头上，边境交兵是日常小事，何必大惊小怪！"即使到黄昏时刻，驿使告知晋州陷落这个让高纬心慌的消息。高纬还是欣然应允了冯淑妃要他陪她再玩一会的请求。

晋州都已经陷落几天后，高纬才派遣大将安吐根率军收复晋州。安吐根采取了挖地道进攻晋州城的策略，城内平地下塌了三尺多，高纬竟然下令暂且停止进攻，说冯淑妃想进地道玩玩。于是北齐士兵只好拖延时间等待冯淑妃前来观赏之后再进攻。哪知道这位只知享乐不关心国事的妃子在自己房内涂脂抹粉就花了整整一个时辰的时间，使得北周赢得了攻占时间。高纬只能携妃出逃。

高纬逃走后，北周便调集军队转攻邺城，高纬在城内坐

立不安。大臣斛律孝卿恳请高纬亲自前去安抚士兵，整顿士气，并为他写好发言稿，告诉他说话时更要慷慨悲壮，声泪俱下，这样才能激励士气。谁知道无能至极的高纬从皇宫中走出便忘记了该讲的话，只是傻乎乎地笑，连带左右侍从也跟着笑。将士们见皇帝已经如此昏庸、轻薄，心已凉了一半，由此北齐士气到此完全涣散。

高纬一看大势已去，就懦弱地选择了逃避责任。承光元年（公元577）正月，他急匆匆将皇位禅让给他8岁的长子高恒，自称太上皇。只可惜高纬禅让皇位没几日，周武帝就对邺城发起了进攻。北周军队纵火烧毁了城门，10万大军洪水般冲入邺城致使邺城陷落。后高纬父子被俘，又被杀。

周文王宇文泰是如何扭转乾坤的？

宇文泰（公元507~556年），字黑獭，代郡武川（今内蒙古武川西）人，鲜卑族，西魏王朝的建立者和实际统治者。武成元年（公元559年），追尊为文皇帝，是杰出的军事家、军事改革家、统帅。堪称中国历史上继孝文帝元宏之后的又一位民族杰出人物。

在北魏末年的六镇起义中，宇文泰参加了葛荣的起义军。尔朱荣镇压葛荣后，宇文泰迁往晋阳，成了尔朱荣部将贺拔岳的一名部下。高欢任命贺拔岳为关西大行台时，宇文泰是贺拔岳麾下的有力辅佐。永熙三年（公元534年）贺拔岳被

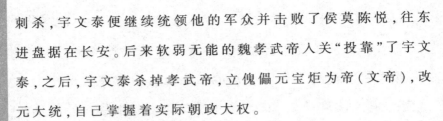

刺杀，宇文泰便继续统领他的军众并击败了侯莫陈悦，往东进盘据在长安。后来软弱无能的魏孝武帝入关"投靠"了宇文泰，之后，宇文泰杀掉孝武帝，立傀儡元宝炬为帝（文帝），改元大统，自己掌握着实际朝政大权。

宇文泰善于谋略和指挥。在军事上，他主要依靠来自北镇尤其是武川的镇人，这些人以后都成为了西魏、北周政治上的支柱。宇文泰曾多次与东、魏作战，互相都有胜负。大统三年（公元537年）春，东魏袭击潼关，宇文泰率精锐部队从潼关左面的小关出发攻其不备，大败东魏军，迫使东魏大将窦泰自杀。大统三年（公元537年）秋季，东魏十万人向沙苑（今陕西大荔南）挺进，宇文泰只用了不到一万人的弱势兵力，乘着东魏军犯军事禁忌轻敌错误时，亲自鸣鼓奋战，俘虏七万人获得大胜。

为了集中力量与东魏争强抗衡，宇文泰决意同柔然妥协联合，以此巩固北边。所以他曾逼迫西魏文帝废原来的皇后为尼，最后赐死，然后娶柔然公主为皇后，以取悦于柔然。对于突厥，他也派遣使者互通友好。但宇文泰对南朝则一直采取攻势，并先后夺取了益州和荆雍之地。废帝二年（公元553年）他计划在四川境内讨伐梁武陵王萧纪，便派遣尉迟迥从散关进军围困成都，最后取得胜利。次年，宇文泰利用梁元帝萧绎叔侄间矛盾，建立了西魏政权控制下的傀儡，史称后梁。

宇文泰在建立西魏即帝位后，采取了很多有效的治国措

施。西魏立国时,外部形势极为险峻。其时,天下三分而立,东面有高欢大军压境,南面有萧梁不时构成威胁。尤其是高欢,更是视西魏为劲敌,急欲将其扼杀于襁褓之中,加上东西魏力量对比十分悬殊,况且西魏立国之初,关中便闹饥荒,人心浮动。眼光锐利的宇文泰当然看到了这种形势,于是大统元年(公元535年)三月,他命令各衙署斟酌古今以来的治国经验,挑选出可以实行的制订颁行了二十四条新制,并提拔了武功大姓苏绰为大行台左丞,参与机密,拟订治国大纲,革新政治。

为了满足国家行军作战的需要宇文泰开始重视"屯田",同时十分关心行政效率。大统元年采纳苏绰的建议进行改革。制定了公文格式,以朱色、墨色区别财政支出与收入,定出户籍册和胪列次年课役大数的计帐制度。大统七年,宇文泰批准苏绰制定了地方官必须遵守的六条诏书:清心、敦教化、尽地利、擢贤良、恤狱讼、均赋役。并规定不通六条、不能造计帐者不得任地方大小长官。军队建设上,他建立了府兵制来扩大兵源,这一制度随后被隋唐所沿袭。另外,他还十分重视教育。曾在邢台设置学堂,命令下属官员白天办公,夜晚学习。并对于儒士表示出相当的尊敬,例如江陵俘来的王褒、宗懔等都受到礼遇。后来采纳庾季才的建议,放免被俘为奴婢的梁人数千口。

大统七年十一月,他颁布了十二条新制,和大统元年(公

元 535 年)三月颁布的二十四条新制合在一起,共三十六条。当初由苏绰拟定的六条诏书和这些新制的内容都十分广泛,包括政治、经济、思想、文化各个方面,并据此而采取了一系列措施。

政治上,宇文泰奉行以德治教化为主,法治为辅的统治原则。规定各级官吏必须用儒家学说修身,亲自修为仁义、孝悌、忠信、礼让、廉平、俭约等这些美好品德,恪守这些儒家道德规范。同时,对人民他常灌输些孝悌、仁顺、礼义之类的儒家伦理纲常观念来束缚人们思想,目的就是让人们遵循"和为贵",宁静心智,不生邪僻之念,思想上稳定统治秩序。

用人上,宇文泰奉行唯贤是举,不限资荫的原则。只要德才兼备的人才,不论出身多么的微贱,都可以身居要位。其实宇文泰的这种选官思想侧面体现了打破门阀传统的新精神,一定程度上保证了西魏吏治的清明,也为大批汉族士人进入西魏政权开辟了道路。

在这种选拔人才思想的指导下,宇文泰日益将各类人才聚拢在自己周围。如李弼原是侯莫陈悦帐下的大都督,且互为姻亲,后倒戈归附宇文泰。宇文泰对他不仅毫无戒备之心,还予以重用,使其成为统率府兵的八柱国大将军之一。柳敏原是东魏河东郡丞,宇文泰攻克河东后招为部下,并封他为丞相府参军事,后来成为帮助宇文泰制定国策的核心人物。再如武功大姓苏绰。宇文泰对他可谓是推心置腹毫无质疑之

心。如果有事外出，一定提前准备好笔墨让苏绰代为处理宫内事件；遇到有一些出发，苏绰也可当即随事而行，事后向他禀报就行。正是因为宇文泰能唯贤是举，用人不疑，肚量宽广，因此西魏政府才可能上下协力，内部团结，保证了各项政策措施的顺利执行。

法律上，宇文泰主张不苛不暴，执法必严，违法必究，且一视同仁。如宇文泰的内兄王世超，任秦州刺史时胡作非为，结果被赐死。再如位至大将军的郑伟仗官不遵法度，结果被免职。另一方面，他对于法律的公正性有着严格要求，目的在于尽量减少冤假错案。大统十三年（公元552年），宇文泰为了减轻刑律，下令废止流传了二千余年的宫刑。

经济上，宇文泰向来秉承儒家"先富后教"的传统观念，积极劝农民课农桑，奖励耕植，并相应地制定采取了一些措施。首先，就是将已经破坏的均田制恢复起来。这有助于使那些由于兼并、战乱、天灾而丧失土地，流落他乡的农民和土地重新结合在一起，从而为农民的生产生活提供了依靠，也起到了稳定民心、发展经济的效果。西魏均田制的授田、租调制度和北魏虽有差异，但变化不大，只是对服役年龄、时间、人数作了重新规定。例如：服役年龄从北魏时的十五岁改为十八岁；服役时间则根据年成丰收还是歉收而定，丰年不超过一月，中年不超过二旬，下年不超过十天，使役期大为缩短，减轻了人民负担。人数上则规定每户农家服役者限于一人，

以此避免过多动用民力，妨碍了农业生产。同时，为了方便管理户籍和经济，宇文泰还颁行了户籍制度和计帐制度。

宇文泰是个实干家，他除了制定、颁行经济政策外，还决定从头到尾保证这些政策的执行，所以明确规定了地方官吏在发展生产方面的职责。职责之一就是：州县长官必须督促百姓，无论长幼，只要能拿得动农器的人都要求他夏天干活，不要耽误了种庄稼的时间。并负责对那些游手怠惰，好逸恶劳，不从事生产者给以处罚。由于宇文泰衡量牧守政绩的标准之一就是劝课农桑，因此他统治时期的地方官吏大都十分重视农桑生产。也因此，国民经济逐渐发展，到宇文泰驾崩之前，社会已经出现了一个仓廪充实的小康局面。

思想文化上，宇文泰雅好儒术。他以儒家学说作为思想武器，去除了鲜卑族的一些落后习俗，并摒弃了当时思想领域中风靡一时的空谈玄理、崇佛论道一类的腐朽风习。为了独尊儒术，他在京师长安设立国子学，拜儒学大师卢诞为国子祭酒。国家也通过学校教育，为朝廷培养了大批具有儒家思想观念的人士，作为政权的支柱。

宇文泰的一生，刚好处在由乱到治的历史转捩点上。而他能够在如此纷繁复杂的历史条件下，观时而变，顺乎历史发展的潮流，最终达到取威定霸，将国力转弱为强的地步，实在是一代杰出的少数民族统帅。

孝闵帝宇文觉小小年纪为何被毒死？

宇文觉（公元542～557年），北朝北周的开国皇帝。字陀罗尼，代郡武川（今属内蒙古）人，鲜卑族。北周文帝宇文泰第三子，母亲为北魏孝武帝的妹妹冯翊公主。大统八年，宇文觉生于同州。当时有个善于看面相的人叫史元华，看了他的相后私下告诉他的亲人："这位公子有至贵之相，但可恨的是他不长命。"

西魏恭帝三年（公元556年）三月，被宇文泰立为世子；四月，升为大将军。十月，宇文泰去世，宇文觉嗣位为太师、大冢宰。十二月，魏恭帝又下诏以岐阳之地封觉为周公。次年（公元557年）正月在他堂兄宇文护的扶持下，受魏恭帝禅位，正式即位称天王，国号周，是为北周的开始。

建立北周后，宇文觉封西魏恭帝为宋公，没过多久就将他杀死。而由于受堂兄宇文护扶持当上的皇帝，所以宇文护居功自傲，自任大冢宰，开始诛杀开国元勋赵贵、独孤信等，专断国政。宇文觉虽然被史学家们称为是"不近情理的斯文皇帝"但他生性刚毅果敢，加上急于亲政的目的，所以对于宇文护专政感到相当不满。恰好司会李植与军司马孙恒也对宇文护权高位重颇有些微词，他们便与乙弗凤、贺拔提等人一道私下向宇文觉请求诛杀宇文护。对于这件事情宇文觉当然同意，便找了张光洛一同行事。谁料到张光洛却将这事告诉

了宇文护。控制朝政、装横跋扈的宇文护便改封李植为梁州刺史，孙恒为潼州刺史，借此将他们外放。乙弗凤等人见事已至此更加害怕，准备将宇文护引进宫后诛杀，但那个叛徒张光洛又将此事告诉宇文护。宇文护窝火之余，就与中表兄弟贺兰祥、尉迟纲合谋废立宇文觉。于是他们一行人先诱捕了乙弗凤，再逐步解除掉宇文觉身边所有侍卫；接着派贺兰祥逼迫宇文觉逊位，将他贬为略阳公并幽禁起来。不久宇文觉被毒死，年仅 16 岁。

后来北周武帝宇文邕诛杀宇文护，下令为宇文觉上谥号。于是派遣蜀国公尉迟迥在南郊上谥其为孝闵皇帝，称其陵墓为静陵。

北周武帝宇文邕的一生为何那么遗憾？

北周武帝宇文邕(公元 543~578 年)，汉化鲜卑人，小字弥罗突，代郡武川(今内蒙古武川西)人。周文王宇文泰的第四个儿子。带着梦想他奋斗了一生并取得了一定成绩，但由于历史的原因却带着遗憾离去。

武成二年(公元 560 年)，北周权臣宇文护毒死明帝宇文毓，拥立当时贵为大司空、鲁国公的宇文邕为帝，但宇文护仍旧掌管朝政。天和七年(公元 572 年)，韬光养晦 13 年的宇文邕诛杀宇文护，开始了亲自处理国务、治理国家的旅程。

宇文邕因为聪明能干，富有头脑，从小就得到宇文泰的

喜爱。宇文泰常对别人说"成吾志者，此儿也。"公元560年宇文邕即位称武帝，由于宇文泰死后大权落在宇文护手中，即位之初他的地位极为不稳，但聪明的宇文邕学会了忍耐。在这隐忍的时间里，宇文邕装作对宇文护杀兄之仇无所谓的样子骗取他的信任，并故意对宇文护不做任何提防，处处按照他的意思去做。

为了扳倒宇文护，夺取他手中的朝政大权，武帝足足等待了13年。公元572年，宇文护从同州回到长安，武帝约他一起拜见太后，并骗他说太后最近经常喝酒，希望宇文护能读《酒诰》给太后听，让她戒酒。对武帝已经信任的宇文护不知道是计谋，就答应了。当他正在读的时候，武帝猛击他头部，并且在宦官何泉和卫公的帮助下杀死了宇文护，终于掌握了实权。

夺取实权后的周武帝开始致力于内外兼修。建德四年，他力排众议，只与齐王宇文宪等少数人策划，便决定讨伐北齐，并亲自统军围攻金墉城(今河南洛阳)，后来因病还师。次年，他又率大军再次伐齐，几路并进，终于攻克平阳(今山西临汾)，晋阳。建德六年，率军攻入邺城，消灭了北齐。从此拥有了黄河流域和长江上游。为后来隋的统一奠定了基础。现在，我们都知道是隋文帝杨坚完成了历史上第二个大一统，其实，我们不该忘记还有宇文邕这个人。是他灭了北齐，统一了北方，完成了局部的统一。只不过历史没有给他留下统一

全国的机会，就让他英年早逝，带着遗憾进了坟墓。

    为了增加收入，扩充军队，武帝还强制还俗灭佛。从西魏到北周，因为战事不断，自然灾害的不断侵袭，不仅军队人员在大量减少，农民们也被迫要饭。而那些寺院里的和尚、僧侣们，他们不但不用当兵，不用纳税，还不赈济灾民，并且趁机吞并农民因战乱而被迫放弃的土地。武帝从政治、经济角度出发分析，认为正是这些不劳而获的寄生虫，使得农民生活更加困苦，还不利于朝廷政权的巩固。由此他觉得改革政治、取消佛教势在必行。刚好有一位叫卫元嵩的和尚到了武帝面前述说了灭佛立道的建议，加上不久后爆发的一次农民起义，让他下定决心，取消佛教。公元574年，武帝为了寻找灭佛借口。召集文武百官、和尚、道士等，共同讨论佛、道，二教的优劣，并最终找到了这个借口。

    建德二年，宇文邕确定了三教先后，以儒为先，道次之，佛教最后。第二年便开始禁佛、道二教，沙门、道士都得还俗，这便是历史上三武灭佛之一。这些措施实施以后，寺院占有的大量人口开始向国家纳税服役，北周的国力大大增强，公元577年武帝终于在这个后备支持下率兵灭掉了北齐。据说，曾经有一位大胆的僧人向武帝发问，他说："佛是救世主，施恩布道，陛下取消佛教，不怕受罚么？"没想到周武帝却说："只要百姓幸福，国家兴亡，我宁可受尽苦难。"这是何等的胸襟与气魄。

据记载称，武帝能和将士同甘共苦，身先士卒，在其传记中常见"登城搏战"之类的用词。在平时的生活中，宇文邕生活俭朴，诸事都希望追求超越古人，对宇文护及北齐所修的过于华丽的宫殿一律焚毁，后宫佳丽也仅有10余人。并且他行事果断明决，能吃苦耐劳，又勤与政事，对属下除了严厉还有关爱。可惜的是，他那"平突厥，定江南"的计划最终没有实现。只能出师未捷身先死，长使英雄泪满襟。

周宣帝真的创下"五后并立"的记录吗？

北周宣帝宇文赟（公元559~580年），字干伯，北周武帝宇文邕的长子，北周第四代皇帝(公元578~579年)，在位只有一年，却将北周搞得乌烟瘴气。

从历史的角度来评判，只能用"暴虐荒淫"四个字来形容他。由于武帝的神武英明，严于律己，宇文赟即位前，宇文邕对他管教极为严格。甚至为了好好管教他而派人监视他的言行举止，只要一犯错就对他严厉惩罚。建德二年（公元573年），宇文赟迎娶了隋国公杨坚的长女杨丽华为妻。宣政元年（公元578年）武帝去世后，遗诏称让太子宇文赟袭统大宝。宇文赟即位，史称"周天元"。

不知是否是宇文赟对父亲生前对自己要求严格耿耿于怀，总之周武帝死后，宇文赟不仅脸上没有哀戚的表情，还抚摸着脚上曾因犯错而被打的杖痕，大声对武帝的棺材喊道：

"你死得太晚了！"如此的宇文赟即位后怎么可能不沉湎酒色，行事荒诞不经？最后甚至创造了"五位皇后并立"的局面，这项举措真是打破了刘聪的"三后并立"的记录。毫无国君风范的宇文赟并未继承父亲生活俭朴的优良传统，相反，他大肆装饰宫殿，贪图享受，并且滥施刑罚，经常派亲信监视大臣言行，造成北周国势日渐衰落。

大象元年（公元579年）宣帝禅位于长子宇文衍，自称天元皇帝，杨丽华为天元皇后，住处称为"天台"。他们对臣下自称为"天"。并且规定，朝中大臣需要朝见时，必须事先吃斋三天、净身一天。还大规模地在全国挑选美女，充实后宫。由于纵欲过度，嬉游无度，宇文赟的健康不断恶化，大象二年五月，宇文赟染上了疾病，在禅位后的第二年便去世，时年22岁。第2年，丞相杨坚受禅登基，改国号为隋，北周灭亡。

著名皇后篇.

为什么孝穆皇后赵安的死同宋武帝刘裕有关？

赵安生年月不详，南朝下邳郡僮县（今沭阳县）人。为南朝宋朝开国皇帝武帝刘裕的生母，晋恭帝元熙二年（公元420年）被追尊为孝穆皇后。

赵安长相美艳、性格文静、贤慧并知书达礼。晋穆帝升平四年（公元360年），她嫁给彭城（今徐州）人刘翘。晋哀帝兴宁元年（公元363年）三月壬寅夜，赵安为刘翘生得一子，取名刘裕，小字寄奴。婴儿刚坠地，她便不幸染上恶疾，生命垂危之时，她执着丈夫的手，望着新生娇儿，泪洒如雨。只过了不久，便死于丹徒官舍。刘翘伤心至极，认为所生之子刘裕体带不祥，几次想要抛弃他，幸亏刘裕继母怜惜，刘裕才得留养。

刘裕代晋称帝后，便开国定规，追封尊父刘翘为孝穆皇帝，生母赵安为孝穆皇后。有记载称赵安"生未处璇宫之贵，殁则崇椒殿之封"。

孝懿皇后萧文寿为何能成为皇后？

萧文寿（公元342~422年），是南北朝之宋朝的第一位皇帝刘裕的继母，兰陵（今山东）人。于公元420年被刘裕尊为皇太后。

由于刘裕生母赵安的早逝，萧文寿早年嫁给刘裕的父亲刘翘做继室时，便承担起抚养刘裕的责任。由于赵安是在婴儿呱呱坠地之后便染上疾病死去，所以刘翘曾认为生刘裕是不祥

之兆，几次想抛弃他。幸亏这位宅心仁厚的好继母怜惜并尽力向刘翘争取，才使得刘裕继续被留养，由此我们可见母子两个深厚的感情。后来，萧文寿自己也生下两个儿子。不幸的是刘翘在小儿子生下来没多久便去世了。萧文寿便只好带着这三个孩子凄凉度日，常常吃不饱，穿不暖，但从未抛弃过刘裕。为了抚养孩子，她只能白天带着刘裕种田、砍柴，晚上织布，这样才能勉强度日。

刘裕长大后投入军中当兵。晋义熙元年（公元405年），他率军平定了桓玄之乱，掌握了东晋实权，被任为相国，封为宋王。继母萧文寿便被封为太妃。元熙二年（公元420年），刘裕取代晋朝称帝，国号宋，即南北朝第一位皇帝宋武帝。刘裕称帝后，便尊萧文寿为皇太后，并对萧太后十分恭敬。刘裕死后，他的儿子刘义符继位。又尊萧文寿为太皇太后。萧文寿寿终正寝时，终年81岁。谥号"孝懿皇后"。

武敬皇后臧爱亲为何如此深得宋武帝珍爱与敬重？

武敬皇后臧爱亲，是南北朝之宋朝开国皇帝刘裕的结发妻子。由于她并未真正等到丈夫登基称帝的那一天，因此只有"豫章公夫人"的追谥。而所谓的"敬皇后"称呼只是刘裕称帝后对她的追封。

臧爱亲祖籍山东沂水，祖父臧汪曾任尚书郎，而父亲臧隽

则只是一个郡功曹。当初臧爱亲嫁给刘裕时，刘裕还是京口里的一介布衣平民，不但穷苦潦倒，而且特别好斗且性格生猛，可以想象小家碧玉的臧爱亲在婚后生活过得有多艰难。

婚后不久，臧爱亲为刘裕生下了一个女儿，起名刘兴弟。而初为人父的刘裕却起了离家从军的念头。臧爱亲到底拗不过丈夫，只得眼巴巴地看着刘裕离开家乡。

一开始刘裕并没有混出什么名堂，直等到他35岁之后，才时来运转。快马加鞭般地封官晋爵，到40岁时更成了东晋王朝的股肱人物。之前刘裕家门前车马稀，此时却一时间大群大群的亲戚朋友都围着这位"臧夫人"转起了圈圈。阿谀奉承和送礼的人数也数不清，可臧爱亲并不为这些所动，她仍然过着俭朴的生活，那些试图通过她谋些小利的人们自然也达不到目的。

由于刘裕长期在外奋斗，夫妻两聚少离多，臧爱亲最终未能为刘裕生下一个儿子。不过，没有子嗣并不曾影响刘裕对结发妻子的情意，并且臧爱亲面对奢华所表现出来的那种高尚节操，更深得刘裕的敬重。

虽然臧爱亲深得刘裕尊重，可惜的是，她却没能等到丈夫登基称帝的那一天。于义熙四年正月甲午日，病逝于东城（今安徽定远东南），时年48岁。而这个时候的刘裕还只是东晋的豫章郡公，因此臧爱亲只得到了"豫章公夫人"的追谥，并归葬

丹徒老家。

秉着对结发妻子那份浓浓情谊与敬重，刘裕对患难发妻的早逝非常痛心，所以当他称帝之后，便追封已经辞世12年的臧爱亲为"敬皇后"，7个儿子（包括皇太子）的母亲都仅仅被封妃嫔而已。

文元袁皇后为何意欲杀死亲生儿子？

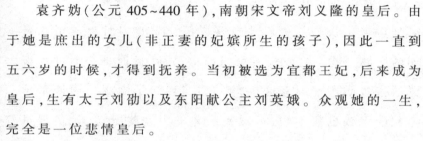

袁齐妫（公元405~440年），南朝宋文帝刘义隆的皇后。由于她是庶出的女儿（非正妻的妃嫔所生的孩子），因此一直到五六岁的时候，才得到抚养。当初被选为宜都王妃，后来成为皇后，生有太子刘劭以及东阳献公主刘英娥。众观她的一生，完全是一位悲情皇后。

袁皇后袁齐妫当初生下刘劭，于仔细端详后，竟派人告诉刘义隆说：这孩子长相异常，以后必定破国亡家，不能把他养大。于是便准备要杀儿子。刘义隆得知后，吓得赶紧赶到皇后殿外劝阻，才停止她的举动。但宋文帝刘义隆平时对待袁齐妫，非常有礼数。袁齐妫因为娘家贫穷，便会常请求刘义隆拿钱资助，但我们深知刘义隆生性节俭，所以给的钱也只是三万五万而已。可后来潘淑妃得到刘义隆宠爱时，常自称只要请求皇上，没有什么得不到的。酸溜溜的袁齐妫半信半疑，某次假借潘淑妃的名义向刘义隆要求三十万回家，没想到只一晚上的时间刘义隆就将钱拨了下来。因为此事，袁齐妫心里相当怨

恨刘义隆,便经常假托自己身体不适的名义,不再与刘义隆见面。甚至发展到后来,刘义隆每次准备来见她,她都回避到别处,导致刘义隆屡次想要见她也见不到她的面。最后连潘淑妃的儿子始兴王刘濬与其他庶子要来探望她,她都不见。由于这份怨恨深深地折磨着袁齐妫,她终于怨恨成疾。病危之际,刘义隆前来探望,曾哭著执起她的手,问她有什么遗言要交代。袁齐妫也只是静静地看著刘义隆,一句话也不说。过了许久,便用被子把头蒙起来,不再看他。不多久,这位悲情皇后便在显阳殿过世,享年 36 岁。

袁齐妫死后,刘义隆相当哀痛,命颜延之作了一篇哀策,文字相当华丽,刘义隆还以"抚存悼亡,感今怀昔"八字致意。有司建议给她谥号"宣",后来刘义隆亲自定其谥号为"元",故称其为"文元皇后"。

文穆皇后王宪嫄为何后悔身为宋前废帝之母?

王宪嫄(公元 428~464 年),南宋孝武帝刘骏的皇后,也是宋前废帝刘子业的生母。温柔婉约的性格让她作为妻子纵容其夫,导致了刘骏后来的荒淫无度;作为母亲纵容儿子,促成了其荒唐儿子的无稽行为。

元嘉二十年(公元 443 年),她被纳为武陵王妃,时年 16 岁,比刘骏大三岁。因为其祖父王偃是东晋初年大丞相王导的玄孙,祖母是晋孝武帝之女鄱阳公主,母亲是南宋武帝刘裕之

女吴兴长公主，嫂嫂也是宋文帝刘义隆之女临川长公主。生在如此显赫的家庭，她被选为王妃是很正常的事。同刘骏共生有：前废帝刘子业、豫章王刘子尚、山阴公主刘楚玉、临淮公主刘楚佩、皇女刘楚琇、康乐公主刘修明。

刘骏为亲王时，对王宪嫄非常宠爱。元嘉三十年（公元453年）四月，由于太子刘劭杀父亲宋文帝后即位。刘骏听说后，意欲率军前往建康讨伐太子刘劭，便将王宪嫄留在了寻阳。同年，刘骏杀刘劭后即帝位，是为孝武帝。

孝建元年（公元454年），以藩王入都而登帝位的刘骏，便将宠妃王宪嫄与母亲路惠男接到了首都建康，并封王宪嫄为皇后，册立王宪嫄的儿子刘子业为太子。即位后的刘骏开始变得十分的好色，而曾经备受宠爱又性格软弱温和的王皇后，却对这种事情只是一味的逆来顺受，听之任之。

公元464年，孝武帝刘骏病死，王皇后荒唐儿子刘子业即位，王宪嫄便被尊为皇太后，其宫为永训宫。过了不久，王宪嫄重病不起，便派人去唤刘子业前来探望。哪知那个变态儿子刘子业得知后居然说："病人房里有很多鬼怪，太可怕了，怎么能前往呢？"王宪嫄听说后十分生气，命令侍者："快拿刀来！我要剖开我的肚子，看看怎么会生出这样的孩子来！"本来重病的王皇后在这种气血攻心的情况下不久，便在含章殿过世，时年三十八岁。谥为"文穆皇后"，与刘骏合葬景宁陵。

有记载称，王皇后死后数日，荒唐儿子刘子业梦见她对自己说："你不仁不孝，本来没有人君之相，而子尚跟你一样愚昧悖乱，也不会得到庇佑。先皇为人险恶又暴虐，已经天怒人怨了，虽然儿子很多，但都不是天命所在。最终的大运，还是会归还文帝的儿子。"也就是因了母亲这个梦，刘子业开始对自己的叔叔们相当忌惮。他干脆将他们都聚集在京城里，以免他们在外为祸。

明恭皇后王贞凤命运为何如此多舛？

王贞凤（公元 436~479 年），宋明帝刘彧的皇后，琅琊临沂人。也是南北朝时期命运多舛的一位皇后。

元嘉二十五年。14 岁的王贞凤嫁给淮阳王刘彧为妃。泰始元年（公元 465 年），刘彧称帝，她便被册立为皇后。但称帝后性情大变的刘彧由于好色过度，体肥如猪，逐渐失去了性功能，便产生了很变态的心理。某次，他将所有公主、妃嫔及宫女集中于大殿内，要求所有人脱光衣服肆意取乐。所有人迫于淫威都屈从，只有王皇后以扇掩面，不笑不言。刘彧见状对其大骂："你娘家向来寒酸，今又如此乐事，你为何不看一眼？"王皇后义正词严地答道："娱乐的途径很多。可哪有姑姑、姐妹们聚在一起，以裸体来取乐的？我娘家虽然寒酸，但不愿如此！"

泰豫元年（公元 472 年），刘彧去世，后废帝刘昱即位。王贞凤被尊为皇太后，住弘训宫。但刘昱并非王贞凤所生。刚开

始他还惧怕王贞凤,对她礼让三分。等到13岁举行加冕礼后,他便不再将任何人放在眼里。元徽五年(公元477年)端午节,王贞凤赐给刘昱一把玉柄毛扇。刘昱非但不感恩,反而认为扇子不够华丽,从此对王贞凤心怀不满。某天,奇思怪想很多的他命令太医煮毒药,准备毒死王贞凤。幸好下人对他建议说:皇上如果毒死了太后,就要重孝在身,每日守在宫里,不可能到外面玩,从事人体解剖了。可怜的王皇后才侥幸躲过了这一劫。

元徽五年,刘昱的荒淫残暴引起了内乱,大将萧道成趁机杀死了刘昱,先立刘准为帝,后又将刘准贬为汝阴王自立为帝。王贞凤便同时被贬为汝阴王太妃,与废帝一同送往丹阳宫。建元元年(公元479年),一辈子温文婉约、毫无皇后威严的王贞凤死去,时年44岁。萧道成追谥她为明恭皇后。

孝宣皇后陈道止"母以子贵"?

陈道止(生卒不详),南北朝之齐朝开国皇帝齐高帝萧道成的生母。她是三国的名臣司徒陈矫的后代,因为儿子萧道成的称帝,便被追赠为"孝宣皇后"。

陈道止虽然家族世家背景显赫,但年少时有段时间家境很是贫穷,所以养成了伴随她一辈子的辛勤劳作的习惯。后来嫁给齐高帝萧道成的父亲萧承之,为他生有三个儿子,萧道成是三个儿子中最小的那个。

萧承之是个有名的武将，历任杨武将军、威烈将军、右卫将军、太子屯骑校尉等，曾在历史上演绎了著名的三大空城计之"守济南"，是个智勇双全的勇将。陈道止嫁给他之后，照理说跟"贵"谈不上关系，顶多就是一个将军夫人。但是，所幸的是，萧承之英勇的优良品性和陈道止辛勤劳动的精神遗传到了儿子身上，萧道成建立了南齐。作为对生身父母生养之恩的感谢，他追封父亲为宣皇帝，母亲为孝宣皇后。

丈夫萧承之65岁的时死去，留下陈道止一人独撑这个家庭，虽然勉强能维持家务，她还是坚持亲自作劳，并且这个习惯一直保持到她去世为止。

刘宋升明三年（公元479年），被追赠为"竞陵公国太夫人"，儿子萧道成废宋立齐后，追赠她为"孝宣皇后"。

昭皇后刘智容为何有贤内助的美称？

刘智容（公元423~472年），是齐高帝萧道成的皇后。后世称她贤惠能干，是萧道成的贤内助。因此萧道成称帝后，被追封为昭皇后。刘氏不仅性格温和，为人还十分严谨，并且办事也非常果断干练，是难得的一代贤明皇后。

据说，在她17岁时，南北朝之宋朝大将裴方明要娶她做儿媳妇，刘家当时已经许诺，但刘智容却觉得不合适，便反悔。最后，经过她自己的深思熟虑便嫁给了小她4岁的萧道成，并生下儿子萧赜、萧嶷。

由刘智容选夫婿，我们也可看出她是一个有着一定决断能力的女子，并且那种不附势权贵，当机立断的作风很是果断；此外，从她两个儿子的作为上，我们也可看出她是一位具有良好教养与内涵的奇女子，否则不会培养出一个贤明的皇帝，以及一个忠心有为的大臣。

穆太后丁令光真是仙子下凡吗？

丁令光（公元484~526年），是梁武帝萧衍的妃子。谯国（今安徽亳州）人。父亲为丁道迁，官至兖州刺史、宣城太守。天监元年（公元502年）被立为贵嫔。

有传说称丁令光出生之时，室内有神光照射，并且整个屋子紫气弥漫，人们怀疑是天上仙子下凡。少女时期的丁令光还勤于劳作，夏天的时候常与邻居女孩子们一起在月下纺织。传闻称其他女子在此环境下纺织都被蚊虫叮咬，奇痒难忍，只有丁氏毫无所觉，因此那些女孩子都视她为奇人。更有传闻称，丁令光左臂上有颗红痣，治疗很久也没有看见他退去，却在她嫁给萧衍后，这红痣不翼而飞。总之种种传说几乎都想将她塑造成一个人间仙子的模样。

但现实生活中的丁令光却没有仙子那般的无忧无虑，生活幸福。她被萧道成纳为妾后，日子过得并不幸福。由于萧衍的正妻郗氏性格冷酷，并且好妒忌。所以自从萧衍纳丁氏之后，她便醋意大发。首先，她怕丁氏为萧道成生个儿子而得宠，其

次，仍然对自己生儿子抱有幻想。于是便百般刁难阻止丁氏与萧衍同房。甚至还想方设法虐待她。而性格温和柔顺的丁氏向来忍气吞声，毫无怨言。直等到郗氏病殁后第二年，丁氏才有了身孕。次年生下一个儿子，这就是后来著名的文学家昭明太子萧统。萧衍建立梁国后，便立萧统为皇太子。

由于丁氏待人宽厚，性格和顺，很是得宫人们的喜爱。加上她生活简朴，从未为家人亲戚向梁武帝要求过什么，所以自然也受到萧衍的宠爱及尊重。到了梁武帝大兴佛教后，丁氏更是将自己所有的财物都捐献给佛门。另外，她还特别精通《净名经》。

梁普通七年（公元 526 年）十一月，丁令光因病逝世。时年42 岁。梁武帝悲痛万分，诏令吏部郎张瓒写了一篇长长的哀册文。封谥号曰"穆"，简文帝即位后，又追封为"穆太后"。

高祖章皇后为何被称女中豪杰？

章要儿（公元 506~570 年），陈武帝陈霸先的皇后，吴兴乌程人（今属浙江）人。本姓钮，后改姓章。公元 557 年被立为皇后。由于她出生方式奇特，做事风格独到，并且遇事稳而不乱，被称为是女中豪杰。

据说，章要儿的母亲苏氏在婚后好几年一直没有生育，没想到某天碰见一个道士，那个道士送给她一只五色斑斓的小乌龟，并说："三年后，必有征兆"。果然，只过了三年，章要儿

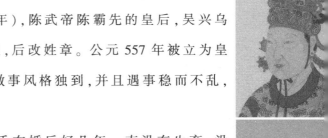

85

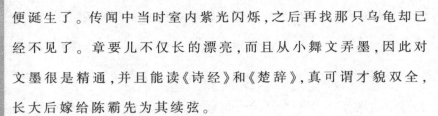

便诞生了。传闻中当时室内紫光闪烁,之后再找那只乌龟却已经不见了。章要儿不仅长的漂亮,而且从小舞文弄墨,因此对文墨很是精通,并且能读《诗经》和《楚辞》,真可谓才貌双全,长大后嫁给陈霸先为其续弦。

梁武帝大同年间,侯景之乱爆发,章氏为侯景掳走。叛乱平息后,陈霸先受封为长城县公,将章氏拜为夫人。永定元年(公元 557 年)陈霸先代梁称帝,章氏便被立为皇后。

永定三年(公元 559 年),陈武帝因病去世。当时的形势非常紧迫,但风格独到,遇事冷静的章后却显得很是镇静,为了大局的稳定她决定密不发表,并急忙招会临川王陈蒨返回建康。陈蒨回朝后章要儿立即拥其即位,这就是陈文帝。章氏此时被尊为皇太后,居刺训宫。

陈文帝死后,太子陈伯宗即位,尊章后为太皇太后。但由于伯宗为人懦弱无能,大权便落入了皇叔安成王陈顼手中。光大二年(公元 568 年)十一月甲寅,章要儿再次展现女中豪杰风范,她在朝堂召集群臣,宣布废黜伯宗为临海王,立陈顼嗣位,为宣帝。章后便又复为皇太后。太建二年,章太后在紫极殿去世,享年 65 岁。

文皇后沈妙容为何如此失败?

沈妙容(? ~605 年),陈文帝陈蒨的皇后,吴兴武康(今浙江湖州人)。也是废帝陈伯宗的生身母亲。

梁大同中，十几岁的沈氏便嫁给了陈文帝陈蒨。侯景之乱时，陈蒨和沈氏在吴兴被侯景等人抓去，受到软禁。后侯景之乱平息，陈霸先登上皇帝宝座后，陈蒨被封为临川郡王，沈氏便被封为临川王妃。永定三年（公元560年），陈武帝病逝，陈蒨即位，临川王妃沈氏又被立为皇后，等到武帝驾崩，陈伯宗即位后，沈妙容又被尊为皇太后。

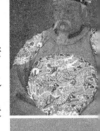

可沈妙容的亲生儿子废帝陈伯宗太过于懦弱无能，皇叔安成王陈顼更是乘机专权。沈后见陈顼的野心越来越大，情急之下，便秘密贿赂宦官蒋裕，准备让他诱使建安人张安国据郡造反，企图以此来让陈顼上当。可惜天不遂人愿，张安国谋事不密被人告发，落得个身首异处，以至于沈妙容的计划由此泡汤。当时沈后身边的宫女侍从，几乎都了解这些事件其中的内幕。忧心忡忡的沈后因为担心这些人迟早会泄密并出卖自己，于是把他们全部杀掉。但没过多久，专政之后的陈顼便夺取了帝位，废除陈伯宗帝位，将其贬为临海王，沈后被尊为文皇后。

陈朝灭亡后，沈后被隋军掳到了长安。隋炀帝大业初，她从长安返回江南，不久后去世。

柳皇后柳敬言如何在悲情中演绎贤淑？

柳敬言（公元533~615年）公元533年出生，河东解人（今洛阳），梁武帝女儿长城公主的爱女，陈后主陈叔宝的生母，公元569年柳敬言被立为皇后。史称柳皇后。

柳敬言长相俊美，有记载称她"身高七尺二寸，手垂过膝"。她的祖父柳惔，在梁代名气很大，曾任秘书监，死后还被追赠为侍中、中护军。父亲柳偃，因为娶了梁武帝女长城公主为妻，被拜为驸马督尉。梁大同年间，柳偃担任鄱阳太守，死于官任上，那一年柳敬言才九岁。面对如此突如其来的打击，她并没有被击倒，相反还处乱不惊，料理起家事来和成年人相仿。这种坚强、能干让当时很多人都惊叹。如此集显赫门第，高贵出身，美丽外表，坚强性格，处事得体这些特点为一体的奇女子，上天差不多已经预示了她的未来。

公元 548 年，爆发了著名的侯景之乱。为了躲避战乱，柳敬言和弟弟柳盼赴江陵（湖北江陵）投奔梁元帝。算起来梁元帝是他们的外公，因此对他们姐弟十分的好。也就是在此时，柳敬言遇见了她人生中重要的一个人——陈顼。

陈顼，公元 530 年出生，是陈朝开国皇帝陈霸先哥哥的儿子。他长得非常的俊美，并且有勇有谋，还擅长骑射。当初侯景背叛梁国后，他曾经跟随陈霸先讨伐侯景，后来镇守在京口。梁元帝要求陈霸先派他的儿子或侄子去京城护卫自己的安全时，陈霸先派遣的这个人就是陈顼。陈顼在服侍了皇帝一段时间后，梁元帝见他和柳敬言两个人可谓是郎才女貌，就亲自做媒，将柳敬言许配给了陈顼。

承圣二年（公元 553 年），柳敬言在江陵为陈顼生下一个男

孩,起名叔宝,这就是后来闻名于世的陈后主。过了一年,江陵被西魏攻陷,陈顼就随着军队迁到了长安,而柳敬言与他们的儿子陈后主则留在穰城(今河南邓县)。天嘉元年(公元560年),陈顼的哥哥陈倩登基做了皇帝,陈顼便被封为安成王。天嘉二年,柳敬言以安成王妃的名义和陈后主率先搬回朝廷生活。第二年,陈顼也从军队中回到了朝廷。这时,流离失所了整整八年的柳敬言才可以和自己的丈夫团聚。

后来陈顼登上了皇位,柳敬言被封为皇后。但好战的天性使得陈顼在位期间穷兵黩武,征战连连,加上还屡战屡败,陈国的国土日益受到削弱。公元582年,陈顼驾崩,始兴王陈叔陵趁机作乱,陈后主无能,幸亏有柳敬言和乐安君吴氏合力想办法这次作乱才得以平息。后来陈后主即位,柳敬言便被尊为皇太后,居住在弘范宫。

而此时,岌岌可危的陈朝已经失去了淮南地区,隋朝的军队也逼近长江,国家又遇到陈顼驾崩如此大的丧事,加上陈后主不能料理政事,这其间很多的大事就只能由柳敬言决断处理。例如诛杀陈叔陵,料理操办陈顼的丧事,主管边境的防务以及朝廷各司的繁杂事务等。虽然名义上都是后主在发布政令,但实际上操心思考,独挑大梁的全是柳敬言。

等到儿子病愈后,柳敬言才将一切政事交给陈叔宝处理。谁料到,后主根本就是一个天生的亡国之君。他十分宠爱贵妃

张丽华,处理政事时居然把贵妃放在自己的膝盖上共同决策。而贵妃张丽华却是个不识大体,胡作非为的菲薄女子,她常常诋毁大臣,结交提拔宦官小人,胡乱干政,导致朝廷法度日益黑暗混乱,民间怨声载道。看到国力日渐的衰落,贤明的柳敬言很后悔当初把朝政交给了自己的儿子,但是现在已经无力回天。公元589年正月一日,杨坚率领的隋朝军对趁着陈军欢度春节之际,突袭长江,随后节节胜利,攻破了建康,俘虏了陈后主。三月,皇太后柳敬言与后主等王公贵族百人被送到长安,后来迁到洛阳。大业十一年(公元615年)柳敬言在孤苦寂寞中去世,享年83岁。

柳敬言的一生我们可以用"贤惠"来形容。她不仅为人性情谦和谨慎,处事坚决果断,还识大体,顾大局,有着广阔的胸襟。这表现为她从来没有为自己家族中的人请求过富贵,甚至连衣服,食物之类的也没有给过;对于陈顼宠爱的贵妃也一再贤淑达理,甘心居于其下,还将供奉皇家的物品中最好的推让给贵妃。当然柳敬言的一生还是很不幸,她九岁失去了父亲,又碰上了战乱,饱尝了人世的艰辛;自己的丈夫也是寡情薄幸(陈顼嫔妃众多,光儿子就有42个)。甚至连唯一可以给自己希望的儿子也那么昏聩无能。或许正是这样一种万般艰难的环境,才培养了她坚强的秉性和卓越的政治才能,才更凸显出她的智慧与品格。

"文明皇后"冯氏真的文明吗？

北魏文成帝拓跋濬皇后冯氏，是中国历史上很出名的一代皇后"文明"，是她的太皇太后身份在死后被追加的谥号。由于冯太后曾经临朝执政，并且在执政期间大胆改革，为北魏历史的发展和社会文明进步打下了坚实的基础，并为北魏以后的发展作出了巨大贡献，所以我们在评价她的时候，不仅仅称呼她为北魏历史上的成功政治家，也称呼她为一代贤后。

冯后是长乐信都（今河北冀县）人，祖父冯文通是十六国时期北燕的国君，所以她也算是名族之后。但北燕只是在"五胡乱华"局面中崛起的一方诸侯，很快他就被北魏太武帝灭亡。冯氏家族由此开始了战乱中艰难的岁月。

所谓"屋漏偏逢连夜雨"，冯氏家族不仅没有安定下来好好生活，还遭遇了一次大劫——冯朗因为一桩大案遭到诛杀。冯氏因为年幼又是女孩，惩罚的方式就是被迫入宫，成了拓跋氏的婢女。这其实也算是不幸中的万幸，冯氏在宫中得到了姑母冯昭仪的多方照应。冯昭仪在冯氏入宫不久，动了恻隐之心，向皇帝求情让冯后和自己同住。这不仅避免了她学做苦役的辛劳。还让她幼小的心灵得到了几分慈母般的温情，并且在冯昭仪身边耳濡目染，她逐渐熟悉了北魏皇宫内的礼仪和其间的微妙，算是慢慢积累起了丰富的人生阅历，也养成了复杂的感情性格。

冯后 11 岁的时候，宫中发生了一场重大事变。之后几个月中，朝廷政治更是风云变幻，令人眼花缭乱。残酷宫廷斗争的现实，父祖辈们大起大落的经历，使冯后深为触动，这位年仅 10 余岁的女孩子并没有一般少女那般的娇弱与不谙世事，她开始体会，开始观察，开始明白了这政治斗争的种种。13 岁的文成帝登基不久，11 岁的冯氏就被选做了贵人。从此，开始了她全新的生活。

冯后小小年纪离开姑母的照顾，只身来到了文成帝的寝宫。这也更有条件让她熟悉和了解国家最高层的政治运作，为她以后的政治成长奠定了道路。

由于用人得当，特别是重用汉族大臣高允，文成帝统治时期的北魏基本处于较为稳定发展的状态，社会矛盾也相对缓和。冯后潜移默化中也学习了这种施政风格，这对于日后她当政期间吸收汉法、重用汉人、推行汉化的措施，无疑有很深影响。

太安二年（公元 456 年）正月二十九日乙卯，14 岁的冯氏被文成帝立为中宫皇后。冯后被立为中宫之主，很多人认为是因为她除了才貌双全外，还深谙后宫潜规则，能成功手铸金人。其实真正的原因怕是她作为一介女流，却能心胸宽广，心系国民，勤劳地操持宫中事务吧。我们都知道北魏文成帝是一个颇英明的皇帝，那么他选择冯后作为皇后，一定也从道德、

修养、作为等各方面对她给予了考核才是。例如：据记载，太安四年（公元 458 年），文成帝率兵巡视阴山，曾深入大漠，使蠕蠕（柔然）吓得远远逃走，不少部落酋长率领部下祈投降。冯后知道后，不仅为文成帝大扬声威而欢呼雀跃，还高兴地陪他一起观看了庆典活动。尤其值得一提的是，冯后对文成帝的乳母常氏非常尊敬，并且谦恭有礼。对文成帝的儿子拓跋弘更是细心哺养，所有这些行为当然都为她赢得宫内宫外、朝廷上下的赞誉之声。

贵为皇后的冯后，不仅知书达理、娴淑有礼，还深深地理解文成帝为国操劳的艰辛，并尽力以一个"贤内助"的要求为他排解各种烦闷与不快。在生活上，她温柔贤惠，总是能以似水的柔情温顺化解文成帝出征、巡幸归来的风尘。因此，连文成帝自己都觉得，和如此贤淑的女子在一起，可以忘却朝廷上大臣的争斗、柔然的侵袭、刘宋对于南北的威胁。所以，他们的婚姻生活是美满和谐的。然而，这种幸福连老天也羡慕到嫉妒。和平六年（公元 465 年）五月十一日，26 岁的文成帝驾崩。

文成帝的离去犹如晴天霹雳，让冯后缓不过神来，整日以泪洗面。按照北魏的旧俗制度，文成帝死后三日进行"烧三"仪式，也就是焚烧文成帝生前的御衣器物等。当火光燃起，悲哀不已的冯后，忽然身不由己地高声悲叫着扑向熊熊燃烧的大火。众人急急忙忙将不省人事的她从火中救出，冯后才没有被

烧死。等到清醒后，已经经历了很多人生波折的她回过神来，决定为国为民一路坚强地走下去。

和平六年（公元 465 年）五月，年仅 12 岁的皇太子拓跋弘即位，是为献文帝，冯后则被尊为皇太后。但此时朝政由贪权狂傲的太原王车骑大将军乙浑把持，他不时利用职权欺凌这孤儿寡妇，阴谋着想篡位，北魏中枢政治面临着严重的危机。但既有智慧又有魄力的冯太后并没有甘心忍受他的欺负，而是当机立断，秘密布置，定下大计，奋起反击，终于除去了乙浑，平定了叛乱。接着，她再露锋芒，宣布由自己临朝处理朝政。从此掌控着朝政大权，杜绝了因为皇帝年幼再发生朝廷遭奸臣凭凌的事情。

冯太后这次的临朝听政，前后只有 18 个月的时间。但她硬是凭借着自己多年宫中生活的阅历和非凡的胆识，稳定了北魏动荡的政局。皇兴元年（公元 467 年）由于喜得长孙，冯后决定停止临朝听政事，将朝政交给已经 14 岁的献文帝处理，自己转而担当起了抚养皇孙拓跋宏的责任。

献文帝亲政以后，很想有所作为，就贬斥了不少冯太后曾经宠重与信任的人，并且试图重用提拔一些对冯太后不满的人，来结成自己的心腹。刚一开始，冯太后献文帝的这种做法虽然感到不舒服，但没有立即发作。到了皇兴四年（470 年），冯太后再也忍无可忍了，终于爆发出来。

北魏是少数民族政权,婚姻上还保持着许多原始形态,因此贞操观念淡薄。并且自从文成帝死后,年轻的冯太后不能忍受守寡的孤寂与冷清,所以冯太后很注意那些美貌男子,用来做伴。李弈就是冯太后的其中一位"伴儿",他是官宦子弟,长得仪表堂堂,风流倜傥,加上多才多艺,善解人意,深得冯太后宠爱,经常入侍宫中。但献文帝想法设法杀死了他,使冯太后大为恼火。于是,冯后利用自己的声威与势力逼迫献文帝交出皇位,扶持长孙孝文帝拓跋宏称帝。

孝文帝即位的前期,已移居崇光宫的太上皇献文帝并没有完全放弃手中的权力。朝廷上不仅重要的国务需要向他禀奏,他还屡屡颁布诏书行使皇帝大权,甚至亲自率兵北征南讨。所有这一切都让极具权力欲望的冯太后觉得:如果自己要再次出面执掌朝政,献文帝已经是个障碍了。就这样,冯太后发生了一场宫廷事变,将献文帝强行软禁起来。

冯太后既然被尊为太皇太后,也就可以再度临朝听政。从此,她又成为了北魏政治的核心。而此时的冯太后,早已经过了而立之年,所以无论是在才识、气度还是政治经验上,都更加成熟了。但她重新掌控朝政也并非得心应手,而是面临着新的挑战。

献文帝死后,孝文帝尚且年幼,所以政局又动荡起来,加上此时,官吏贪残刻剥,民众起义不断,北魏统治面临着相当

大的潜在威胁。冯太后只能再次发挥她高超的智慧和政治手腕来维持北魏治安，也为了巩固自己的权力地位。

一开始，冯太后就对当初诬死李弈的李䜣下了杀手，这样既公报了私仇，又除掉了一个人人痛恨的贪官，为朝廷整顿吏治树立了良好形象，可谓一举两得。其他的违法乱纪者，例如秦州刺史尉洛侯，雍州刺史、宜都王目辰等都因为贪赃被判处了极刑。而那些为官清正廉洁者，则得到不同程度的表彰和赏赐。

虽然，冯太后执掌朝政做了许多令国家令民众长治久安的行为，但仍旧有自己私心上的考虑。为了大权独揽，她以谋叛罪诛杀了孝文帝的外祖父南郡王李惠，甚至李惠的弟弟、儿子和妻子也同时被杀。为了清除那些冯太后以为的朝廷政权隐患，冯太后还不惜大开杀戒，当时受到猜忌嫌疑而遭到覆灭的达到十余家，死者几百人。不过，有一定政治策略的冯太后做事不会那么偏激，她对那些明显没有政治野心者，往往能加以安抚笼络。这在很大程度上化解了潜在的不安定因素。

在政治道路上，冯太后为了充分施展自己抱负，也特别注意培养扶植一些贤能之士做亲信，终于组成一个效忠于她的领导核心。并且在这个领导集团中，不论出身，不论姓氏、只要有才能就行。所以里面既有拓跋氏的贵族，也有汉族名士，有朝廷大臣，也有内廷宦官。

此外，冯太后还对宦官大加委任。她了解到本来供事宫中的宦官也多有才能兼具者，于是常常将那些有才能者提拔为亲信。冯太后利用这些人出入禁闱，了解一些机要信息，形成了"中官用事"的局面。但是，在她临朝听政期间，并没有发生宦官专权、胁迫朝廷的现象。这是因为冯太后虽然利用宦官替自己做事，但对他们的行为和权力都作了严格的限制。

冯后的能干除了在于掌控朝政、制定国策、培养政治集团上，还表现为她对北魏的政治、经济和风俗习惯进行了卓有成效的改革。

在政治上，冯太后开始实行"太和新制"。北魏从拓跋珪开国以来，各级官吏都不能享受俸禄，他们只能是靠平日贪污、掠夺和皇帝随意性的奖赏来获取财富。但这种以掠夺为主的财富分配方式逐渐显示出，他给北魏政治带来严重的问题。各级官吏私心的膨胀将产生毫无顾忌搜刮民脂民膏的行为，而这最终只会导致人民生活的日益贫困，从而激化北魏社会矛盾。太和八年（公元484年）六月，在冯太后的主持下，北魏仿效两汉魏晋时的旧制度下达了"班俸禄"诏书，确定了官吏俸禄问题。俸禄确定之后，再开始治理贪污者。为了切实贯彻俸禄制，冯太后还派使者分巡各地，纠察举报那些食禄之外犯赃者。经过这些整饬，北魏吏治大有改观，贪赃受贿者大有收敛。而这些又为冯太后进行其他方面的改革创造了条件。

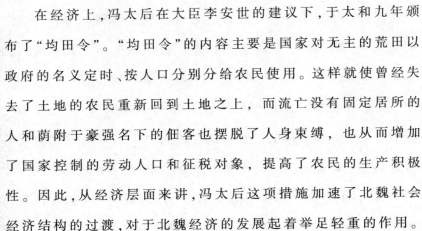

在经济上，冯太后在大臣李安世的建议下，于太和九年颁布了"均田令"。"均田令"的内容主要是国家对无主的荒田以政府的名义定时、按人口分别分给农民使用。这样就使曾经失去了土地的农民重新回到土地之上，而流亡没有固定居所的人和荫附于豪强名下的佃客也摆脱了人身束缚，也从而增加了国家控制的劳动人口和征税对象，提高了农民的生产积极性。因此，从经济层面来讲，冯太后这项措施加速了北魏社会经济结构的过渡，对于北魏经济的发展起着举足轻重的作用。

在组织上，冯太后于太和十年（公元 486 年）主持对地方基层组织——宗主督护制度改革，实施了"三长制"。这极大地促进了鲜卑族生产方式的改革。另外，冯太后还重视教育，她兴建学校，尊崇儒法，禁断卜筮、谶纬之类的玄学，开始了鲜卑族的汉化过程。而这，为孝文帝后来的汉化运动奠定了相当基础。

当然，冯太后的英明能干还表现在对孝文帝的培养上。她在进行全面改革的实践中，并没有把孝文帝排斥在外，相反，她倒是尽可能让他参与来锻炼孝文帝。也正是在冯太后的悉心培养和潜移默化下，孝文帝才真正成熟起来，并能够继承冯太后的改革事业，把"太和改制"推向高潮。

孝文昭皇后为何是封建礼教的牺牲品？

孝文昭皇后高照容，是渤海条县（今景县）高氏的后裔、北

魏高祖孝文皇帝的夫人、世宗宣武皇帝的母亲。她的一生完全就是一副北魏王朝后宫倾轧和封建礼教牺牲品的写照。

高照容 13 岁入宫，北魏太和七年（公元 483 年），在平城（今大同市）生下儿子世宗，宣武皇帝元恪，后又生下广平王元怀、长乐公主，加封为昭仪。高祖太和二十年（公元 496 年）在汲郡共县死去，享受"文昭贵人"的称号。后来儿子世宗即位，她便被追尊为皇太后，肃宗即位后又上尊号"太皇太后"，史称孝文昭皇后。

高照容是高飏的女儿。后来因为躲避中原的战乱，高飏举家逃往高句丽，又到了北魏高祖初年（约公元 471 年）才向西迁到平城。高飏一家在迁往龙城镇后，镇守奏报高祖元宏，称赞高飏的女儿高照容不仅品德娴淑而且端庄漂亮，已经具备了选入后宫的条件。因此，高照容被送进了京城。由当时要求很高、慧眼独到的文明皇太后冯氏亲自到北部曹对她进行面试。没想到一见面，冯氏就被高照容的姿容才貌折服，立即批准她入宫。

据说，高照容幼年时期，曾经连续几晚上做同一个梦。她梦见自己站在大厅里，阳光从窗户里射进来照在身上，让人感觉火辣辣的。为了避开阳光，她在梦里尽力东躲西藏，却无论走到哪里都躲不开那些阳光，因为感到非常奇怪，高照容就把这件事告诉了父亲。父亲高飏也不明白，就去向辽东人闵宗请

教。闵宗说:"这是一个非常吉祥的征兆,富贵奥妙不可言传。"高飏问他为什么这样说呢,闵宗回答说:"天上的太阳,代表了人世间的美好品德,是帝王的象征。阳光照在你女儿身上,寓意着一定会有皇上的恩宠降临在她身上;而你的女儿千方百计躲避,阳光还要照在身上,也这是表示说,皇上有求于你的女儿,你的女儿就是不愿意也不行。曾经啊,有人梦见月亮入怀,还生了真龙天子,何况是阳光照身的梦呢。所以你的女儿一定会得到皇上的宠幸,并且孕育出统治天下的君王。"没想到后来,还真让闵宗给说中了,高照容果然生下了世宗皇帝元恪。

当时后宫中有个冯昭仪,是太皇太后冯氏的侄女,也是当朝太师冯熙的女儿,她得到皇上宠幸以后,暗地里产生了将高照容的儿子世宗收到自己宫中养育的想法。所以后来高照容从代(今天的大同)到洛阳的途中,突然死在了汲郡的共县(今河南辉县)时。就有人怀疑说高照容是冯昭仪派人毒杀的,只是无从考证。高照容去世后,有关部门奏请为她加"昭仪"称号,上尊号"文昭贵人",高祖听从了这个意见。高照容的儿子世宗是个非常孝顺的人。他即位后,立即追尊自己的母亲为皇太后,配飨太庙。

高照容死后,最先是葬在洛阳城西长陵东南,陵墓矮小也不合乎皇后陵墓该有的礼制。于是,后来根据世宗的旨意,就

地封土,起造山陵,命名为"终宁陵",还专门安排了500户的租税,做为守护陵墓的经费。肃宗即位后,又下诏说:"文昭皇太后,道德操守具有国母的威仪,端庄贤淑具有贤妻的美德,上天配于高祖,生育圣明的君主。但由于过去处置失当,墓茔独处一地。先帝(世宗)孝心由衷,没有来得及迁葬,为此一直心抱哀痛,长眠地下心里不安。应当像汉代废除吕氏尊崇薄太后那样重申大魏朝的礼仪。"大意是说:文昭皇太后道德、品行都兼优,又端庄贤淑有国母的威仪,不仅是高祖合格贤惠的妻子,还抚养培育了圣明的君主,但是由于过去对她的陵墓修建不是很恰当,加上很有孝心的世宗没来得及对她坟墓迁移安葬,所以我们应该弥补这种让她不能安息而引发的不安,像对待其他皇后那样来给她补办相应的皇后葬礼。

宣武灵皇后是一代才女吗?

宣武灵皇后胡氏,安定临泾(今镇原县)人,是北魏司徒胡国珍的女儿,北魏宣武帝元恪的皇后,也是北魏孝明帝元诩的生身母亲。

胡氏小时候曾受到良好的教育,成年后进入佛寺当尼姑研究佛理。她因为精研佛法,所以精通佛经义理。在宣武帝元恪即位初年,因为她的佛法修为很深而被宣召入宫讲道。当时,她秀丽优美的姿容和清纯伶俐的口才,深深打动了宣武帝,于是宣武帝破例下诏封她为世妇,常常追随侍奉在宣武帝周围。

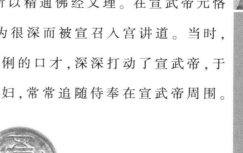

因此曾被封充华，所以还有一个称呼叫做胡充华。

当时，北魏王朝为了防止妇人干政有一个惯例，那就是立太子时一定将他生身母亲杀死。因而皇后、嫔妃等都没有任何愿意为皇上生太子，只有胡氏与众不同。她宁愿一死也想要为宣武帝生一个儿子来继承王位。后来胡充华得到皇上恩宠后怀孕，分娩时果然生了一个皇子，一时间她被传为佳话。延昌四年(公元515年)，胡充华所生的儿子元诩被立为太子。依照皇家惯例，作为太子生身母亲的胡充华应该被处死，但宣武帝深深感触于胡充华的情意，断然废止了这一野蛮做法。

熙平元年(公元516年)，宣武帝去世，年仅6岁的元诩继位，是为孝明帝。由于先帝驾崩，小皇帝年幼，胡充华就以皇太后的身份垂帘听政，实际上掌握了北魏最高政治权力。胡太后刚开始临朝听政的时候，还是颇有一番作为的。她当时每天临朝批阅朝臣奏章，对于重大案件也亲自决断，甚至还亲自考核地方官员。那时，朝纲肃整，百官膺伏，整个朝廷上下治理得井井有条。然而胡太后并不是一个真正为国为民着想的实干政治家，她在一旦拥有不受约束的最大权力后，其天性中追求奢靡生活的阴暗面很快就暴露无遗。

胡太后因为深信佛法能减轻罪孽，所以她大肆崇尚佛法。临朝听政后，她更是热衷于佛事，曾经耗资巨万在全国广建寺院，开凿石窟，而那些寺院建筑规模之宏大，实在是历代之最。

例如：在洛阳龙门山、伊阙山建造的石窟寺，前后用工达 80 多万人；在皇宫旁修建的永宁寺，其中一所浮图塔光高就 90 丈，塔上立柱高 10 丈，京城外特别远的距离也能看见这项建筑。寺内的僧房多达上千间，其中铸造的高达丈八的金佛像一尊，中等金佛像 10 尊，玉佛像 2 尊。佛刹上配有金宝瓶，瓶下有容露盘 30 重，周围都垂着金铎。浮图塔四面的窗户门扉上缀满了金钉。

当时，全国庙院在她这种大兴之下激增到 3 万余所，僧尼多达 200 余万人。只洛阳这个地方，寺院就有 1367 所。鉴于崇尚佛事对社会财富造成了大量流失，大臣李崇、张普惠等人多次上疏胡太后要求这些行为上做一些节制，然而胡太后固执如常。

此外，胡太后还特别喜爱饮宴游乐。高兴之余，常常能毫无缘故地向亲信赏赐大量财物。她不仅生活上豪奢无度，随心挥霍，还造成了达官贵人之间竞相炫富的不良社会风气。高阳王元雍有男仆 6000 人，妓女 500 个，一顿饭的花费就是几万钱。河间工元琛为了同元雍比富，甚至用银子做的槽来喂马，用西域所产玛瑙碗、水晶盅、赤玉壶来宴请宾客。另外，胡太后私生活更是荒淫无节制，章武王元融看见这样子奢靡的社会风气，气得不行，躺在床上三百天没有起来。

当然，胡太后的这种所作所为激起了朝野内外的不满。领

军元叉借故发动了政变，杀掉了元怿，囚禁了胡太后。而具有一定政治手腕的胡太后又伺机发动反击，将元叉杀掉，重新执掌了政权。这些宫廷政变导致了北魏朝政一片污浊。而重掌了朝政的胡太后不顾当时全国已经连年发生自然灾害的现实问题，强迫预征6年的赋税。终于导致了不断的大规模反抗。北魏的统治处在风雨飘摇之中。

随着北魏孝明帝元诩逐渐长大懂事，他深知胡太后这样的做法绝对会将北魏王朝带上毁灭之路，因而决心自己来执掌国政，试图扭转乾坤。但权力欲望强烈的胡太后觉察到了这一点，所以常常借故诛杀孝明帝的近臣，后来还毒杀了孝明帝。消息传出后，天下震惊，朝野愤慨。大都督尔朱荣乘机兴兵作乱，南下攻陷洛阳。胡太后这时候才发现大势已去，就自行削发为尼，再入佛寺。武泰元年四月，尔朱荣兵杀入洛阳，将胡太后沉入黄河溺死，后来又将她埋在双灵寺。孝武帝时，以皇后的礼数重新殡葬，追谥号曰灵。

其实，胡太后有很高的文学才华，《中国文艺词典》还把她列为中国女词人，只是她文学上的光芒都被她政治色彩所掩盖而已。

孝庄帝皇后尔朱英娥一生是"三嫁"吗？

尔朱英娥，北秀容（今山西朔县）人，北魏孝庄帝元子攸的皇后，尔朱荣的长女。性格爽直强悍、骄横无礼，一生中经历了

一本书知晓南北朝

三次婚姻。

　　尔朱英娥的第一次婚姻是同北魏孝明帝完成的。当时孝明帝纳她做做妃子，封为"嫔"。但是由于婆母灵太后非常专横，对孝明帝的妃嫔们都很压制，所以她一直没有生育。孝明帝同灵太后母子两人政治权力冲突很严重，所以武泰元年（公元528年），灵太后竟然为了达到政治目的而杀死了自己的亲生儿子孝明帝，并命令孝明帝的妃嫔们全部做了尼姑。灵太后的这种猖狂又无人性的做法引起了野心勃勃的大军阀尔朱荣（尔朱英娥父亲）的不满。不久，尔朱荣制造了"河阴之变"，除掉了他认为挡着他政治前途的所有人，由此控制了北魏的朝廷。

　　尔朱英娥在胡太后杀死自己丈夫孝明帝后，被迫进入尼姑庵当尼姑。后来她的父亲尔朱荣铲除了胡太后一伙后，图谋自己称帝自立又怕众人不服，就拥立元子攸为帝。于是大女儿尔朱英娥得以被父亲从尼姑庵接出，并且立为傀儡皇帝孝庄帝的皇后。尔朱英娥本来个性就很强直，又因为依靠父亲的威势，所以对第二任丈夫孝庄帝很不客气，一旦孝庄帝对其他嫔妃们有过于亲近的行为，她就呵斥说："天子由我家置立，今便如此，我父本日即自作，今亦复决？"那意思就是：没我娘家你当不了皇帝，所以你得听我的。

　　永安三年（公元530年），尔朱英娥怀孕。孝庄帝由于不甘

105

心做傀儡皇帝，借尔朱英娥快生孩子这个机会，亲手杀死了入宫探望外孙的尔朱荣，顺便将尔朱荣的弟弟等一同杀死。同年10月，尔朱荣的从侄、也就是尔朱英娥的族兄汾阳刺史尔朱兆和尔朱世隆共同叛乱，在闯入后宫的过程中将尔朱英娥的新生儿子抢来，当面摔死在床下。她年仅24岁的丈夫孝庄帝元子攸被送晋阳拘禁，不久就被尔朱兆杀死，尔朱英娥也遭软禁在宫中。

此后不久，新兴的军阀高欢击败了尔朱氏。而这时已经孤苦伶仃又被困在后宫的尔朱英娥就被他得去纳为了侧室。但是高欢对尔朱英娥很尊重，每次去看望她，都会穿正装、装扮仪表，还给她请安，在她面前自称"下官"。这样子的对之以礼逐渐打动了尔朱英娥的心，尔朱英娥开始接纳了高欢，并为他生下一个儿子取名高攸，高欢也很喜爱这个儿子。

等到北齐建立时，高攸被封为彭城王，尔朱英娥也被封为了彭城太妃。只可惜高洋统治后期开始酗酒，性子也变得狂暴，北齐天保七年（公元556年）高洋竟想要占有尔朱英娥，尔朱英娥抵死不从，被高洋一刀砍破头颅而死。

文皇后乙弗氏为何出家？

西魏文帝文皇后乙弗氏（公元510~540年），河南洛阳（今洛阳市）人。综观她的一生，虽然充满了波折与苦难，但是遇到了一个至死爱她的夫君。所以对于乙弗氏，我们不能简单地用

幸运还是不幸运作为界定，因为历史见证了她与元宝炬之间那至死不渝的爱情。

公元535年，元宝炬即帝位，被尊为西魏文帝，爱妻乙弗氏自然被册封为皇后。但公元538年，文帝迫于柔然的势力，废掉乙弗氏皇后职位并令她出家当了尼姑，违心地迎娶了柔然首领阿那环女作为为皇后。公元540年，再次因为柔然的原因，挥泪令乙弗氏自杀。后追谥她为文皇后。

乙弗皇后生得美丽端庄，为人谦和有礼，不太爱说话却很有才气。才几岁的时候，她的父母亲就对她感到惊奇，指着她对亲属们说："其实纵使生女儿又有什么关系呢？像我们这个女儿，实际上比男孩子还强。"在乙弗氏十六岁的时候，文帝娶她做了南阳王王妃。等到文帝登上帝位后，于大统元年册封她为皇后。

由于乙弗皇后天性喜欢节俭，不仅不讲究吃穿，甚至还吃蔬菜，穿旧衣服，不佩戴任何精美贵重的首饰。个人修养上，乙弗皇后更是品行高洁。她没有妒忌心理，平和易相处，所以文帝对她更加尊重，夫妻感情向来很深。乙弗一共生了12个儿女，大都幼年就夭折了，只有太子元钦及武都王元戊活了下来。

后来文帝迫于形势，废掉了乙弗皇后，并让她搬迁出皇后宫住到别的宫殿中，后来又让她出家当尼姑。但文帝迎娶的柔

然公主也就是后来的悼皇后对于乙弗皇后与文帝的情谊依然心怀猜忌，想法又逼乙弗皇后搬迁到秦州同儿子秦州刺史武都王元戊住在一起。文帝虽然为国家大计所迫，但仍没有忘记同乙弗皇后的感情，所以后来还暗中让她蓄发，有让她回宫作皇后的意图。

不过事情后来就没有了结果。因为柔然第二次对西魏发动了战争，动用了百万军事攻击西魏。于是，就有人猜测这次战争是由于文帝还对乙弗存在感情，从而冷落得罪了柔然公主而遭来的。所以，文帝只能派了中常侍曹宠带着自己的亲笔命令让乙弗皇后自杀才了事。没想到善良温顺的乙弗皇后接到命令后，流着眼泪对曹宠说："希望皇上能活千万年，天下富裕安宁，我死后也没有什么可悔恨的了。"大家都被乙弗皇后所感动，于是让武都王前来同她诀别。而边上服侍她的人都哭出声来，没有谁忍心抬头看她。随后，乙弗皇后叫来僧侣，摆上供品，命令那些服侍她的几十个婢女都出家当尼姑，并且亲手给她们剪掉头发。事情完成后，她才走进卧室，拉开被子把自己盖上，随后死去，终年三十一岁。

文帝的陵墓修建完工后，他曾亲笔写下一个文书，说自己去世后想让乙弗皇后埋在一起。于是朝廷公卿们经过商议，追谥乙弗为文皇后，配祭在太庙中。西魏废帝元钦在位时，将她和文帝一起葬于永陵中。

北齐武明皇后娄昭君有多贤淑？

北齐武明皇后娄昭君，鲜卑族，北齐代郡平城（今大同）人氏。神武帝高欢的皇后，也是北齐文宣帝高洋的生母。

娄昭君可谓是慧眼独具，当初有很多名门望族上门提亲都被她拒绝，却看中了在城墙之上服劳役的将领高欢。高欢长相很奇伟，忠厚老实，有宏图大志，所以虽然那时他还很贫穷，但娄昭君已经料定他是个英雄，日后肯定发迹，心里就产生爱慕之意，并且指使奴婢向高欢表明了心意。女儿既然已经有了这样的举动，娄昭君的父母也没有办法，只能支持。所以促使二人结成了美满姻缘。后来娄昭君还拿出全部家资，让高欢用来结识天下英雄豪杰，并且在高欢谋划政事的时侯，积极在旁边参与了出谋策划，使得高欢屡屡立下显赫战功，官位也升到了东魏丞相。

娄昭君是个温柔娴淑的好妻子。她除了平日里柔顺勤俭，谦卑自守外。对待姬妾所生的子女也视同亲生，还会向每个人赏赐一套衣服。这种宽容与大度不是一般女子能做到的。在朝廷大事上，她聪慧能干的特点也有所表现。她时常向高欢提些建议，例如提拔有用之才，不能以私废公等。

在处事上，娄昭君有着母仪天下的风范，能够顾全大局，委曲求全。当时，高欢为了与少数民族茹茹国建立外交关系，打算纳娶茹茹公主，可是顾及到娄昭君的感受而犹豫未决。此

109

时的娄昭君表现出了一代国母的包容,她以国家利益为重,对高欢说:"国家大计,不要迟疑。"等到高欢娶回茹茹公主后,她还自动腾出正室,让高欢合婚。这项举动受到举国上下称赞。还有一次,正赶上高欢领兵征讨西魏时,娄昭君分娩难产。属下准备给高欢送信让他回宫照看,却被娄昭君拒绝,她说:"王出统大兵,何得以我故,亲离军幕。"幸好老天保佑没事,她忍受剧痛生下了一男一女一对双胞胎。

政治上,娄昭君具有相当敏锐的洞察力。高欢有次在沙苑之战中败给了宇文泰。他的部下侯景向高欢请求出兵,向西攻击宇文泰。高欢接到请求后十分高兴,认为这是侯景对自己忠心的表现。但娄氏却能在这个时候冷静地说:"侯景得到精兵,无论胜败,都不会再来服从你!"的确,当时依了侯景居功自傲的个性,结果肯定是这样。

天保初年,儿子高洋即位称为北齐皇帝,尊她为皇太后。高洋在位初期,秉持着良好的治国态度,还能励精图治,治理朝政。哪知道后来却嗜酒成性,凶残暴戾,动不动就滥杀无辜。为此,娄氏很是忧心,一再苦苦对他劝说,甚至还拿棍棒打他。但"本性难移"的高洋始终执迷不悟,终于因为酒色过度不能吃东西而死去。天保十年,高殷即位,封娄昭君为太皇太后。

由于高殷的母亲李太后是汉族大地主赵郡李氏的女儿,所以高殷一上台,北魏就开始上演着汉族文化与鲜卑族文化的

碰撞，并且逐渐是汉族文化占据优势。民族观念极强的娄氏在感到汉族文化威胁后说："怎么能使我母子受到汉族老婆子的摆弄！于是，太皇太后娄氏发挥她的政治手腕，于乾明元年（公元 560 年）八月下令，废除高殷为济南王，由高欢第六个儿子常山王高演即位。

太宁二年（公元 562 年）娄昭君因病去逝，葬在义平陵，谥号"神武明皇后"。

高洋皇后李祖娥如何演绎"伴君如伴虎"？

李祖娥是名门望族之后。她所出生的李家是著名的高门士族，属于当时没有南渡的北方世家大族。而她的父亲李希宗，曾经当过上党太守。李祖娥从小就美丽聪慧，并且酷爱学习，具有很高的文化修养，可谓是才貌双全，所以被李希宗视为掌上明珠。才十几岁的时候，她就出落的美丽大方，倾国倾城，被当时还是太原公的高洋看中，明媒正娶为太原公夫人。以后高洋称帝，她就被封为皇后。但是。随着时间的推移，她的人生却一幕幕上演着悲剧。

根据历史记载，李祖娥的丈夫高洋相貌丑陋，还有严重的皮肤病，但他命好，有个当权臣的父亲高欢。所以赵郡李氏也就因为了高欢的关系，无法拒绝高家的求亲，只能组成了美妻丑夫这样一对鸳鸯。结婚后，李祖娥为高洋生下了高殷和高绍德两个儿子，并且一辈子战战兢兢地陪伴着荒淫至极的夫君。

　　高洋是个汉人，但是由于居住环境的影响，他被鲜卑化了。并且他的私生活叫人瞠目结舌。首先，高洋喜欢酗酒，并且酒醉后动不动就杀人作为娱乐，嫔妃和大臣遭殃的不在少数。其次，高洋差不多遗传了家族的"精神病"历史，经常做出一些夸张又无厘头的事情。

　　所以，这样一个脾气有些怪异，喜怒无常的高洋对待结发妻子李祖娥已经算是感情深重了。他非常记恨自己的哥哥高澄，因为高澄在大权在握时经常调戏李祖娥；并且高洋还排除一切阻力，依照汉、魏以来的习惯，册封结发妻子李祖娥为皇后。

　　天保十年（公元 559 年），高洋得了怪病，无法进食，终于一命呜呼。或许是高洋生前作恶多端，血腥过多，老天让这些都报应到了他妻儿身上。所以苦命的李祖娥继续着她那惨烈的命运。

　　高殷继承大统后，李祖娥成了皇太后，公婆娄昭君成了太皇太后。由于太皇太后在朝中的势力远大于李祖娥这位皇太后，为了保住儿子高殷岌岌可危的帝位。李祖娥找到朝中几位亲信大臣，商议废掉娄昭君，自己上台执政。哪知道消息灵通的娄昭君迅速采取了行动，高殷不仅被废、被杀，李祖娥也被迁到昭信宫居住。她只能独自品尝着失败的滋味和丧子之痛。

　　后来高洋弟弟高湛继承大统，成为了新一任北齐皇帝。但

高湛居然强行睡在嫂嫂李祖娥的昭信宫里。李祖娥一直奋力拒绝高湛的非份要求，但是高湛拿了李祖娥的另外一个儿子高邵德的性命作为威胁，她最终放弃了抵抗。于是，李祖娥成了高湛事实上的嫔妃，没过多久，就怀孕了。李祖娥对于肚子里这个没有名份的孩子，既害怕又羞愧，所以她整天闭门不出，也不许别人踏入昭信宫一步。儿子高绍德因为思念母亲，上门探望，却被卫兵拦在宫门外。气得站在宫门外就大声叫骂，"你不肯出来见我，我知道这是为什么，你肚子被人搞大了，才整天躲躲藏藏的"，不被儿子理解的李祖娥羞愧难当，伤痛欲绝。

后来，李祖娥和高湛的女儿出世了。但根据史书上的记载，李祖娥很可能是掐死了这个女孩儿。总之高湛听说了这个消息后，狂怒难忍，他马上叫人把高绍德押到昭信宫来，当着李祖娥的面声嘶力竭地狂叫，"你敢杀我的女儿，我就杀你的儿子"，然后当场用刀柄把高绍德活活打死。一旁的李祖娥极力阻拦没有用处，只能高声哭叫。高湛听到李祖娥的哭叫后，更加生气。他扒光了李祖娥的衣服，用鞭子狠狠地抽打她，一直打到她血肉模糊，惨叫连连，昏倒在地。李祖娥昏死后，怒气还没有消除的高湛叫人把她装进绢袋，丢到了沟渠里。

后来，宫女们救上了李祖娥，并为她的伤口敷上了药，但此时的李祖娥心里的伤痛不是药能治愈的，她万念俱灰。当宫

女们用牛车把她送出宫去后，李祖娥就进了妙胜寺出家当了尼姑。只是过了十几年，当北周灭了北齐时，早已脱离皇城的李祖娥仍然作为北齐皇族的一员被俘虏到北周。后来，隋朝建立，她终于得以返还老家。

综观李祖娥的一生，充满了悲情色彩。她一辈子陪伴在如老虎般令人恐惧的君王身边，况且还是在北齐那个"精神病"泛滥的乱世，所以她的悲剧命运不可避免。

文臣武将篇

柔美容貌下的兰陵王究竟如何骁勇？

兰陵王名叫高长恭（公元 541～573 年），又叫高孝瓘，骁勇善战，是南北朝时期北齐的一名著名虎将。他前后因为各项战功而被封为巨鹿郡、长乐郡、乐平郡、高阳郡等郡的郡公。但是根据历史记载，这名战功赫赫、战斗卓越的猛将面相却长的太过于柔美，以至于每次打仗都要带上狰狞的面具。

兰陵王的父亲是北齐神武皇帝高欢的长子文襄皇帝高澄，而他母亲却无从考证她的姓氏，因此使得他的身世变得扑朔迷离。所以人们推断，兰陵王母亲可能身份地位低微的连官妓都不如。那么，在那样一个讲究血统门弟的士族时代，兰陵王虽然贵为皇帝儿子，处境却十分尴尬。

兰陵王在历史中具有相当的知名度，而这都要归功于他的外表。我们都知道，历史上任何一个出名的将军，史书对他容貌的形容几乎都可以用"彪形大汉"、"英姿飒爽"等阳刚之词来表达。但是《北齐书》、《北史》中对兰陵王的形容是"貌柔心壮，音容兼美"；《兰陵忠武王碑》中也说他"风调开爽，器彩韶澈"；《旧唐书·音乐志》中称他"才武而面美"；《隋唐嘉话》中更是说他是"白类美妇人"。由此可见，兰陵王有着超凡脱俗的美这件事情的确是不容置移的。

本来俊美是件不错的事情，可偏偏兰陵王太美了，这就

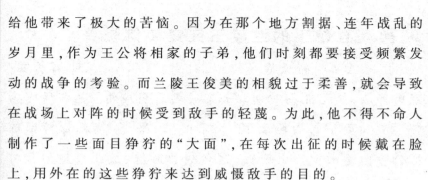

给他带来了极大的苦恼。因为在那个地方割据、连年战乱的岁月里，作为王公将相家的子弟，他们时刻都要接受频繁发动的战争的考验。而兰陵王俊美的相貌过于柔善，就会导致在战场上对阵的时候受到敌手的轻蔑。为此，他不得不命人制作了一些面目狰狞的"大面"，在每次出征的时候戴在脸上，用外在的这些狰狞来达到威慑敌手的目的。

根据历史记载，兰陵王是北朝时期文武兼备、智勇双全的名将。既然是文武兼备，那就表明，他的英勇善战绝不仅仅是因为戴着狰狞的面具而得来的。兰陵王的一生参加了大大小小无数次的战役。其中广为传颂的一次就是历史上著名的"邙山大战"。公元 564 年，北方草原上的突厥族和黄土高原的北周同时发动了对北齐的进攻，北齐军事重镇洛阳当时被北周十万大军团团围困，齐武成皇帝急忙调集军队前去解围。援军在洛阳城外对北周军队发动了一次次的进攻都被击溃，眼看着北齐军队就要面临着全军覆灭的境地。这时，身为中军将的兰陵王突然戴着他狰狞的"大面"，身穿铠甲，手握宝剑，率领区区五百名精锐骑兵，奋勇杀出北周军的重围。一路上势如破竹，令北周军队抵挡不住，只能让他一直杀到洛阳城下。当时，因为守城的北齐军队被困很多天了，这会儿还分布清楚状况，就不敢贸然开门。兰陵王于是摘下头上的面具，亮出真面目。城上的北齐军队看见

是他,立即欢呼起来,由此军心大振。后来他们打开城门,与城外援军合兵到一处,奋勇杀向围困他们的北周军队,大败北周。正是这次大捷,使得兰陵王威名远扬,北齐皇帝加封他做了尚书令。

兰陵王不仅骁勇善战、屡建战功,而且对朝廷忠心耿耿,对士兵亲切友好。因此他在士兵和当时社会中很有威名。这都可从北齐书的记载中看到。"为将躬勤细事,每得甘美,虽一瓜数果,必与将士共之"。作为一代名将,又是那个混乱王朝的皇亲国戚,兰陵王能够做到没有架子、与将士同甘共苦的确是一件不容易的事情,这也足可以看出他拥有博大的胸怀。另外,他的宽容还表现在对待自己的"政敌"上。根据历史记载,当初兰陵王高长恭在瀛州时,行参军阳士深告他贪赃枉法而导致他被免官。等到后来高长恭东山再起,引兵进攻定阳时,阳士深刚好正在高长恭营中听命。因此,阳士深非常害怕高长恭会趁机公报私仇。为了消除阳士深的疑虑,高长恭安慰他说:"吾本无此意。"但正如俗语所说"不做亏心事,不怕鬼敲门",阳士深在得到高长恭的安慰后心中仍然不踏实,还非要央求高长恭惩罚自己。高长恭恭敬不如从命,只好找了一个小过失,打了这个有点受虐倾向的人二十板子才让他安下心来。

我们常听一句话叫做"木秀于林,风必摧之,功高盖主,

祸必降之"。也就是说人生辉煌的顶点，往往可能是悲剧命运开始的起点。对兰陵王而言，这句话真是太贴切了。他本有着让人艳羡的俊美容貌，勇猛战斗力，良好声名，但最大的悲哀就是出生在那个混乱时代的一个疯狂得近乎变态的帝王家族。稍微懂点历史的人都知道，北朝自建国以来，只短短二十八年间就换了六代皇帝。所以其皇室之间的拼杀，折磨是非常残忍的。尽管他兰陵王容貌柔美、军功显赫，尽管他终其一生都小心翼翼，想尽办法避祸自保，但历史的车轮依然将他碾压成悲剧式的宿命。

《北齐书》对兰陵王的小心处事有很多有趣的记载。例如其中之一说他"历司州牧、青瀛二州，颇受财货。"大意就是说兰陵王家门口经常有行贿的人进进出出。据兰陵王自己的意思，他这样做是为了自污其名，免得遭到朝廷忌恨。另一个例子是邙山大捷后，武成论功行赏，为他买来美妾二十人，可他"唯受其一"，原因就是害怕自己太过张扬，会遭人嫉妒。但史书记载：长恭"有千金责券，临死日，尽燔之。"也就是说在他临死前，居然烧掉了所有别人欠他债的借据。这段文字和前面的例子联系起来，再加上他待人处事、宽厚仁义的性格特征来看，他绝对不是一个贪财好色的人。所以不少史家认为高长恭是故意贪财自污，以求避祸。

北齐后主高纬虽然性格懦弱，但杀起自己的亲人来，却

毫不手软。公元 565 年的一天，高纬在与兰陵王谈到邙山大捷时，反常地说"入阵太深，失利悔无所及。"兰陵王听到自己的皇弟竟然如此心疼自己，忍不住内心激动澎湃，深情地说 "家事亲切，不觉遂然。"但是正是这句颇具人情味的话，为兰陵王招来了杀身之祸。历史记载："帝嫌其称家事，遂忌之。"也就是说高纬听见"家事"这两个字后，开始动了小心眼的念头。他因为自己的无能，便会担心拥有兵权的兰陵王是否想将自己取而代之。

兰陵王在说完那番话后，也自我察觉到恐怕大难将至，所以整日惶恐不安。但这悲剧的命运注定了他就改变不了。武平四年（公元 573 年）五月的一天，后主高纬派遣使者以看望皇兄为名义，送来一杯毒酒作为礼物。兰陵王悲愤至极，对自己的爱妃郑氏说："我忠以事上，何辜于天，而遭鸩也！"郑妃劝他说："何不求见天颜？"可见，那个时候天真的郑妃还认为这可能只是兄弟之间的一场误会，只要向皇帝求情，是能讨回性命的。但是对政治深有了解的兰陵王已经明白了这一切，只能扔下一句"天颜何由可见"后就将鸩酒一饮而尽，结束了他仅仅 33 岁的生命。

独孤信为何被称为"第一大丈人"？

独孤信（公元 503～557 年），鲜卑望族，本名叫做独孤如愿，是西魏、北周的大将，因为治绩突出，被西魏权臣宇文泰

赐名为信，才有了独孤信这个名字。根据史书记载，他年轻时长相俊美，又好穿戴、修饰，所以在军营之中享有"独孤郎"的美称。后来战功卓著，被提拔到宰辅这个位置，声名远播大河上下，长城内外。

刚开始，独孤信投靠在葛荣帐下做了一员大将，后来又投靠了北魏，曾经单枪匹马生擒渔阳王袁肆周。后来因为屡立战功，前后历任别将、员外散骑侍郎、新野郡守、荆州防城大都督、武卫将军、浮阳郡长、卫大将军、都督三荆军事兼尚书右仆射、荆州刺史、车骑大将军、河内郡公、陇右十州大都督、秦州刺史、加授太子太保、大司马、柱国大将军、卫国公等。隋文帝统一全国即位后，赠他太师、上柱国、十州诸军事、冀州刺史称号，并封为赵国公。

根据记载，独孤信风度翩翩，不仅儒雅还有奇谋大略。宇文泰刚准备开创霸业的时候，他镇守在陇右之地，史称"及信在州，事无拥滞。示以礼教，劝以耕桑，数年之中，公私富实，流人愿附者数万家。"从中我们足以看出独孤信执政期间励精图治，惠政多多，他统辖下的老百姓都几乎过上了安居乐业的生活，因此，他很受百姓爱戴。

还有一件不得不提的关于独孤信的事情，那就是历史上的三位独孤皇后：北周明敬皇后，隋文献皇后，唐元贞皇后，他们的父亲都是同一个人——独孤信。这也就是为什么后

人要将他称为"第一老丈人"的原因。也正是这个称号，几乎掩盖了独孤信英雄神武，骁勇善战的英雄形象。

独孤信生于北魏宣武帝景明四年（公元 503 年），祖籍云中，他祖先伏留屯曾任部落大人，也是魏初期最重要的官员之一。到独孤信的祖父俟尼时，俟尼举部迁往武川。当时北魏都城原本设在平城（今山西大同东北），为了防御柔然，北魏太武帝在北魏沿北部边的要害地方设置了一些重要的军事重镇，镇将当然全部由鲜卑贵族担任。他的祖父俟尼就曾担任过沃野军镇的镇将。俟尼辞世后，独孤信的父亲独孤库者继任这个部落的酋长。独孤库者英勇豪爽，讲求节气，北镇人民没有不敬服他他。而他的妻子费连氏也是贵族出身。正是有这样的高贵血统传承，独孤信天生就一表人才，风度翩翩，并且自小有条件生活在辽阔的北方大草原上，受当地尚武之风的感染，骑马射箭，无所不精。

后来，随着北魏孝文帝迁都洛阳，推行汉化运动，独孤家族逐渐衰败。而当时又有此起彼伏的起义。尽管家道中落使独孤信对已汉化的洛阳集团深感不满，但他毕竟是一个身体里留着贵族血的子弟。义军的起义显然直接威胁到了他的自身利益，所以独孤信加入了镇压起义的那只队伍。从此，他驰骋疆场，英勇善战，几度出生入死，终于名扬一方。

但是，后来爆发了"六镇之乱"，导致这只队伍群龙无

首,慢慢解散。独孤信只得随着家人迁徙到定州(今河北定县)安定下来。可是只过了一段时间,起义风浪又波及到了河北。葛荣在定州的左人城(今河北唐县)率军起义。而这些定州人民将对鲜卑统治者的满腔愤恨全部转嫁到了当地北镇流民的身上。为了免遭杀戮,独孤信被迫加入到义军队伍中,成为葛荣的一名部下。

北魏孝明帝武泰元年(公元 528 年)尔朱荣发动了河阴之变,掌握了北魏的实权。也就在这年,他与葛荣在滏口展开大战,大败了葛荣。原本以为独孤信的命运就此画上一个波折点,但是没想到的是在军中素有"独孤郎"美称的独孤信在被俘后被尔朱荣看中。由于独孤信本就是鲜卑贵族,又年少英勇,气度不凡,所以尔朱荣提升他做了别将。不久,独孤信又受命征讨义军的其他残余势力。他可谓是"不辱使命",在战场上的表现十分出色,这次征讨行动中更是单枪匹马出阵挑战,一举擒拿了韩楼手下的一员干将袁肆周。从此以后,尔朱荣对他更加看重。元颢入洛阳后,独孤信再次受命作为先锋,与颢军在河北展开激战并获得胜利。被赐爵爱德县候,后迁武卫将军。

尔朱荣死后,高欢就灭尽了尔朱氏,独揽北魏大权。而当时坐镇荆州和拥兵关陇的贺拔胜、贺拔岳兄弟却不买他的帐。于是高欢开始挑拨离间,并且唆使关西将领侯莫陈悦

谋杀了贺拔岳。贺拔胜在得到这个消息后，急忙命令身边的大都督独孤信立即入关去接任贺拔岳的职位，安抚下面的民众。独孤信接到命令后，日夜兼程地赶到陇关，却得知岳部将士们已经推举宇文泰作了统领。因为宇文泰也是武川镇人，自幼就和独孤信很要好，所以二人相见之后分外高兴。

再后来，高欢同傀儡皇帝孝武帝撕破了脸，孝武帝只能溃逃到宇文泰那里。独孤信听说后，很是为难，因为这件事情一方面是"忠"，一方面却牵涉到"孝"。当时，他的父母妻儿全在高欢的管辖范围之内，所以如果想追随皇上尽忠，就只能舍家而去不能"尽孝"。可是独孤信是一个很有大局思想的人，这也侧面预示他政治前途的远大。只经过片刻的权益之后，独孤信依然决定追随皇上，西入关中。于是他马不停蹄地一路追赶，一直到洛阳西北的瀍水才终于赶上了孝武帝。孝武帝当时看见他一个人骑着马来，心中真可谓感慨万千，叹声说："将军今能辞父母，捐妻子而从朕，'世乱识忠良'，此话当真不假呀！"于是马上赐他御马一匹，封他为浮阳郡公。

自从北魏分为东西二魏之后，就开始了 10 多年的对峙。荆州虽然是东魏的领地，但当地的人民却"心犹恋本朝。"又因为独孤信曾经在荆州任过大都督，对当地民俗民情很了

一本书知晓南北朝

解，所以西魏朝廷任命他为掌管三荆州军政事务的都督、东南道行台（派驻地方兼管民事的官员）、荆州刺史，想以此来招抚荆州人民归顺西魏。

独孤信接受到命令之后马上起程。可是在到达武陶时，东魏的弘农太守田八能率领着一群蛮兵将他挡在了淅阳城（今河南西峡县北）之外。同时，东魏都督张齐民也受命率领了 3000 名步兵和骑兵尾随在独孤信后面。当时的形势十分严峻，因为独孤信所带的兵卒还不到 1000 人。但是这时候的他并没有慌张，而是稍作思量后，镇定地对部下说："敌众我寡，若回头攻打张齐民，前方之蛮人定会以为我军撤退，必将转守为攻，这样我军就会首尾受敌，难以脱身；不如首先进攻前面的田八能，若能击败他，张齐民军就会不战自溃了！"于是，在这种思想的指导下，他亲自领兵挫败了守在前方的田八能，使得后面的张齐民果然如他所料的跟着一起逃跑了。独孤信接着又乘胜袭击了穰城（今河南邓县）。穰城

军在大败后退回城里，但城门都还没得及关上，早就受命于独孤信做先锋的杨忠开始对守卫城门的东魏士兵们大声喝道："我大军已至，城中还有人马接应。你们若想寻一条生路，为何还不避开逃命去呢？"城门上的士兵一听，顿时军心涣散，以为会遭到里应外合的夹击而吓得四处逃跑。杨忠趁机率领士卒冲进城内，擒杀了守城的辛纂，城内的军民被吓

得自然是服服帖帖。此后，独孤信又分开兵马，平定了三荆。但屡屡受创的东魏也不是轻易善罢甘休的主儿。半年过后，高敖曹、侯景就突然率军进攻穰城。独孤信看见对方大兵临近，自己却势单力薄，赶紧向朝廷求援。可惜西魏援军久久不来，独孤信终于因为寡不敌众而与部下杨忠弃城南下投奔了梁朝。

南梁的都城建康是一个风景秀美、气候宜人、繁华富庶的都市，但对于独孤信来说这里却像是一个思想的囚笼。他日夜地思念着北方的故土。他也曾经几次上书给梁武帝请求北返，西魏也曾经派遣使节来和梁国商量这件事情，只是都没有结果。一直到三年过后，梁武帝才允许独孤信北返。并且在临行前听到独孤信不假思索说出"为君臣者岂能因顾念家人而事二君乎？"时，梁武帝大为惊讶，他没想到这位北方"蛮族"竟会如此注重忠义礼节，于是感动之余准备了厚礼送他。

可是就是如此忠心耿耿的臣子，还是逃脱不了噩运。后来掌控了北魏政权的宇文泰和独孤信是同乡并且自幼关系就好。他深知独孤信的风度弘雅，深得人心，功高勋著，并且发现在他发迹的武川集团中独孤信已经有很高的威望。出于私心考虑的宇文泰不得不对他加以防备。而聪明的独孤信也觉察出事有端倪，就主动上书，提出自己居住在陇右已

经很久，请求还朝。宇文泰假装不允许。正好此时，东魏使者带来独孤信母亲亡故的消息，独孤信趁机再次上书，借着这步台阶，宇文泰也将和独孤信之间微妙的关系明晰起来。他装作一副迫不得已的样子，允许独孤信发丧行服。

可俗话说"箭在弦上，不得不发"。宇文泰既然已经开始对孤独信心理上产生了猜忌，那么接下来就不可能轻易地让他一路顺利地走下去。后来又到了称帝立子嗣的时候。宇文泰本来已经有一嫡子略阳公宇文觉，是他正配夫人冯翊公主生的，所以这个宇文觉应该是理所当然的后嗣。然而宇文泰在立子嗣上却久久不能作出决断。这是因为在宇文觉之前，姚夫人生有一个庶出长子宇文毓，而宇文毓的妻子恰好是独孤信的长女。宇文泰担心如果立宇文觉为后嗣会使独孤信对自己生出异心。

终于，他终于想出了一出绝妙的计策。恭帝三年（公元556年），他召集公卿们共同商讨立嗣的事情，并且假装很为难地说："我意欲立嫡子觉为后嗣，又恐大司马独孤公多心。你们以为该如何是好？"独孤信那时候是朝中的元老重臣，威望很高，众官员左右为难，也不知如何是好只能保持沉默。但此时尚书左仆射李远突然站出身来，声色俱厉地说："立子以嫡不以长，此乃自古以来的道理。略阳公身为嫡子，立他为嗣是理所当然之事，宇文公还何须多虑！若是担心独

孤信不从，请让我先斩了他！"说完他还真的就拔出刀来。所有朝臣吓得不知所措。宇文泰趁机站起来假装发怒说："休得无礼！有话好讲，何至如此！"独孤信看见这个状况，已经知道一切都是宇文泰事先图谋好的。无奈之余，他只得说："的确应立略阳公为嗣，我并无异议。"

但说归说，独孤信心中却非常难受。他觉得自己捐家为国，几十年来征战沙场，并且费力治理地方，为了宇文氏竭尽效忠的力量，现如今他却要翻脸不认人，嫌忌排挤自己，这太可气了。刚好之后宇文泰染病身亡，宇文觉即位。但19岁的宇文觉太小，所以一切大事均由专横跋扈的宇文护裁夺。此时，曾经受到宇文泰排挤的赵贵想联合也失意的独孤信一起反叛朝廷。无奈没有行动事情就被泄露，赵贵被杀，独孤信被逼令喝掉御赐的毒酒自尽在家中。独孤信时年55岁。

陈庆之是怎样从"寒门"中脱颖而出的？

陈庆之因为出身在寒门，所以长年得不到重用，一直到41岁才开始独立领兵。但短短十五年的战斗生涯，却已经足够让他成为南北朝时期一位举足轻重的历史名将。陈庆之能成为一代名将，并非出自于他的骁勇善战，所向披靡。而是因为他富有胆略，善于筹谋，并且带兵有方，深得众心。作为武将，陈庆之身体文弱，连普通的弓弩都拉不开；甚至他

还不善于骑马和射箭。可是作为将军，他却能运筹帷幄，带兵有方，使军士士气高涨，甘心效力。所以，他是一个刚柔并济的文雅儒将。

陈庆之并没有很好的出身，这个萧衍在后来在褒奖他的诏书中写到"本非将种，又非豪家"加上他"射不穿札，马非所便"，也就是没有很好的武艺，所以陈庆之的前期是以宫廷侍从的身份度过的。

直到公元 525 年，陈庆之四十二随时，他才有了生平第一次带兵的机会。那次带兵，陈庆之被任命为武威将军，和其他将领一起去迎接北魏的徐州刺史元法僧叛变投靠的，并没有打仗。但后来不久，萧衍就任命陈庆之为宣猛将军、文德主帅，领兵两千，护送豫章王萧综接管徐州。徐州对于北魏来讲是块战略要地，绝不能丢掉。于是北魏派了两位宗室，领兵二万，在陟口一带扎营露寨准备进兵。第一次实实在在打仗的陈庆之得到消息之后直接逼近敌人营垒，指挥军队攻击。结果，二元的两万人马顷刻之间被陈庆之的两千人马击溃败逃。本来此战胜负已定，只可惜主帅萧综临阵投靠了敌人，陈庆之早前的努力付之东流，只好斩关后退，但两国从此之后都知道了陈庆之这个人。

公元 527 年，陈庆之跟从曹仲宗讨伐涡阳。北魏当时派遣宗室元昭等人领军 15 万前往救援，前军部队首先赶到驼

涧。手下只有两百人的陈庆之经过观察、分析、研究后建议晚上偷袭，但另一个将领韦放则认为敌军的前锋部队都是精锐，偷袭他们不容易取得胜利。陈庆之最后决定不管韦放的意见，自己前去。于是，他带领自己的部属二百人，长途奔袭了四十里，一夜之内击败了北魏的先头部队。北魏后面赶来救援的大部队听到先头部队被打败的消息，都深为震恐，导致士气大跌。

后来由于双方的实力确实相差太多，因此在涡阳附近打了近一年也没有分出胜负。北魏军队这时候已经在梁军的后方筑起了营垒，形成夹击之势。曹、韦二人认为已经走到绝境，这仗没法再打，就准备撤退。哪知道陈庆之拿着假节在大营门口堵住部队，说："共来至此，涉历一岁，糜费粮仗，其数极多。诸军并无斗心，皆谋退缩，岂是欲立功名，直聚为抄暴耳。吾闻置兵死地，乃可求生，须虏大合，然后与战。审欲班师，庆之别有密敕，今日犯者，便依明诏。"大意就是说我们来这里一年，浪费了很多粮草军费却搞得全军上下没有一点斗志，只知道退缩，这哪里是想建功立业的做法啊。我听说只有置之死地而后生才能取得胜利，所以大家不要想着逃跑而应该鼓舞斗志大力迎战。我这里有一道密令，违者军法处置。曹、韦听说后被吓住，就把指挥权交给了他。取得了指挥权的陈庆之立刻率领精锐部队对北魏军队

展开突然袭击，摧毁了北魏援军自以为坚不可摧的十三道营垒，大获全胜。但这些事情和陈庆之后期的军事辉煌比起来，简直就是芝麻点的小事。

北魏后期，朝政腐败，内乱不断。陈庆之就是在这种混乱中成就了赫赫声名的。元颢称帝后，封陈庆之为卫将军、徐州刺史、武都公，命令他继续督军向西进发进攻荥阳，并且委任他自行战斗。于是，陈庆之带领自己直属的区区七千部队，开始了神话一般的北伐之旅。

中大通元年(公元 529 年)四月，陈庆之乘着北魏征讨邢杲起义军的机会，趁机攻占了荥城(今河南商丘东)。陈庆之攻克荥城后，进军睢阳。又同睢阳的守将丘大千再次演绎了以少胜多的一幕。这次的兵力是陈庆之七千人对丘大千七万人，再一次一比十，虽然丘大千吸取教训，这次连筑了九座营垒来抵挡，但结果还是失败。陈庆之只用了一上午就攻陷了其中三座营垒，使得丘大千完全失去了斗志，只能举众投降。

荥阳城还没有被攻克的时候，梁军将士都很恐慌，陈庆之对将士们说："吾至此以来，屠城略地，实为不少；君等杀人父兄，略人子女，又为无算。天穆之众，并是仇雠。我等才有七千，虏众三十余万，今日之事，义不图存。吾以虏骑不可争力平原，及未尽至前，须平其城垒，诸君无假狐疑，自贻屠

脸"(《梁书·陈庆之列传》)。并且亲自为军士擂鼓鼓舞他们攻城斗志，只敲打了一次鼓，梁军就全部登上了城作战，并取得了胜利。

不久，不甘失败的元天穆等引来20万援兵围住荥阳城，这20万兵士里面其中有十五万是精锐的少数民族骑兵。陈庆之看见如此形势时压根没想守城，只是率领了3000精骑部队背城而战。双方大部分都是骑兵，但陈庆之率领的三千人居然全部歼灭了北魏二十万的援军。陈庆之这样取胜后还觉得不过瘾，又带着这三千人顺便进军虎牢关。吓得有一万精锐部队、踞雄虎牢关险要的守将尔朱世隆不敢应战，弃城逃跑。后来，陈庆之又以7000之众，从铚县转战洛阳，前后共作战47次，攻下城池32座，无往不胜。

后来，梁武帝封赏陈庆之为持节、都督缘淮诸军事、奋武将军、北兖州刺史。当时不断有人起兵，梁武帝就诏令陈庆之前去征讨，并亲自临白下城为他饯行。临行前对陈庆之说："江、淮兵劲，其锋难当，卿可以策制之，不宜决战"(《梁书·陈庆之列传》)。陈庆之领旨后，完全受命行事，不到12天，就斩杀了蔡伯龙、僧强。中大通二年(公元530年)，梁武帝封陈庆之为都督南、北司、西豫、豫四州诸军事、南、北司二州刺史。陈庆之到任后，马上围困悬瓠(今河南汝南)，大败魏颍州刺史娄起、扬州刺史是云宝在溱水，还在楚城打败

行台孙腾、大都督侯进、豫州刺史尧雄、梁州刺史司马恭。

陈庆之除了在军事上充满卓越才能外，政治上也非常有手腕。他通过采取减免义阳镇的兵役，停止水运补给等措施，使江湘诸州得以休养生息。并且开垦出田地六千多顷，只二年时间，生产的粮食就非常充实。梁武帝常常因为这些嘉奖陈庆之。

大同元年，豫州闹饥荒，陈庆之打开仓库向灾民发放粮食赈灾，使大部分灾民得以度过了饥荒。因此，以李升为首的800多名豫州百姓请求梁武帝为陈庆之树立碑石歌功颂德，得到梁武帝批准。大同五年(公元539年)十月，一代儒将陈庆之去世，时年五十六岁。梁武帝因为陈庆之生前始终忠于职守，而且战功卓著，政绩斐然，就在他死后追赠他为散骑常侍、左卫将军，谥称"武"，还诏令义兴郡发500人为其会丧。

檀道济为何因为功劳而惹来杀祸？

檀道济，祖籍高平金乡(今属山东)，是南朝刘宋王朝的名臣。东晋末期，他跟从刘裕一起攻破后秦，屡屡建立立战功，官位达到了征南大将军。但是由于文帝对他是朝廷重臣，又骁勇好战，加上他的儿子也个个打仗都厉害产生了畏惧心理，借故把他斩杀。

檀道济从小就是个孤儿，和兄姊们一起流浪寓居在京

口。晋安帝隆安末年，跟随刘裕镇压孙恩，平定桓玄之乱，因为赫赫军功先后被封为吴兴县五等侯、作唐县男。晋义熙十二年（公元416年），刘裕北伐后秦，檀道济此时官位为冠军将军，和王镇恶同时一起作为先锋，带领军队沿着淮水、泗水向许昌、洛阳进发。檀率领的军队先抵达项城，后秦守将姚掌听见檀道济到来的消息不战而降。但在对新蔡（今属河南）进攻时，檀道济遭到了后秦大将董遵的顽强抵抗。檀道济利用自己卓越的军事才能，指挥属军猛攻，取得了胜利。并且还利用军威大振的机会，檀道济乘胜前进，攻克了阳城、荥阳，一路抵达成皋（今河南荥阳）。

对于战斗中俘获的俘虏，晋将纷纷主张将他们杀掉来壮军威，但檀道济不同意。他说："王师北征是为了吊民伐罪，怎好枉杀？"于是，他下令将俘虏全部释放，并且让他们回归乡里，并且一再申明晋军入城后，应该严明纪律，不得扰民。

武帝死后，荒诞的少帝即位，檀道济与徐羡之、傅亮、谢晦四人一同做为顾命大臣。北魏就趁着这个混乱时刻，大举向南进军，几路兵马同时攻略刘宋地盘，司州全部及青州、兖州、豫州大部分地区很快被魏军夺占。檀道济听说后，马上率军组织救援，终于稳定局势。

第二年，因为新上任的少帝游戏无度，荒怠了朝政，徐羡之等秘密商议将其废立。于是召回了顾命大臣檀道济一

135

同商议这件事。行动那天晚上，檀道济与谢晦一同在领军府休息。谢晦因为心里担心、恐惧，所以辗转难寐，但是檀道济一躺下就鼾声如雷。这份遇事镇静的气度及胆量的确让人折服。

由于檀道济打仗很是勇猛，而且很是讲究战略战术，所以立了不少功劳，威名渐渐树立起来。加上他的左右心腹都是百战之将，几个儿子也很是继承了父亲的衣钵，德才兼备，所以引起了朝廷的猜忌。所以，朝廷以收买人心、图谋不轨之名逮捕了檀道济，随即就将他杀害。同时被杀害的还有檀道济的 11 个儿子及薛彤、高进之等大将。檀道济因为是被枉杀的，所以国人很是痛心。并且他被杀的消息传到平城（今山西大同）后，北魏很多将领因为少了一个劲敌而高兴得弹冠相庆。

韦孝宽是如何建立赫赫战功的？

韦孝宽（公元 509~580 年），名叔裕，字孝宽，京兆杜陵（陕西西安南）人，南北朝时期西魏、北周杰出的军事家、战略家。因为韦孝宽从小就称呼他的字，而没有称呼名字，所以都称他为韦孝宽。

韦孝宽虽然是个武将，但是性格沉敏和正，喜好读经史文章。20 岁时，恰好碰上萧宝寅犯上作乱，韦孝宽就向朝廷请求做为先锋前去征讨。朝廷于是就封他为统军，随长孙承

业西征,屡屡建立了战功,被封为国子博士。后又跟随大都督杨侃出镇潼关,官位为司马。杨侃善于发现人才,他看见韦孝宽才能出众,就将女儿嫁给了他。

北魏永安年间,韦孝宽因为卓越战功而被封为宣威将军、给事中,不久又被赐为爵山北县男。北魏普泰年间,韦孝宽升为都督,跟随荆州刺史源子恭镇守襄城,再次因为立功而任为析阳郡守。

北魏永熙三年(公元534年)四月,韦孝宽跟随宇文泰远赴雍州,攻克潼关后,任弘农郡守。后来又跟随宇文泰擒捉了窦泰,官位上兼左丞,节度宜阳兵马事。和独孤信一起留守洛阳。

西魏大统三年(公元537年)十一月,韦孝宽攻克东魏豫州城,俘获刺史豫州冯邕。西魏大统四年(公元538年)二月,东魏军转而开始发动进攻,西魏军不断作战上处于不利局面,韦孝宽与颍川守将梁回只能弃城向西撤退。

不久,东魏丞相高欢率领所有山东的兵士从邺城(今河北临漳西南)出发,向西魏大举进攻。九月,东魏军已经即那个营垒建立连在一起10多里,意图包围玉壁,以此引诱西魏军出战。韦孝宽却不上当,他依然据城固守。十月,东魏军昼夜不停地攻城。韦孝宽采取随机应变的策略竭力抗御。东魏军不断采取新的攻城术,都被韦孝宽破解,而且好像他还

在破解他们工程之余，守城有余。高欢攻城 50 天，士卒死亡了 7 万人，搞得兵士都精疲力竭，这就是历史上著名的"玉璧之战"。高欢因此急得旧病复发，回到晋阳后就一病不起，于次年正月死去。

韦孝宽除了作战时的足智多谋外，治理政事上也办法多多。西魏废帝二年(553 年)，韦孝宽上任为雍州刺史。按照雍州以前的旧制度，为了标记里程，雍州路旁每隔一里都会设置一个土堠，但一下雨，这些土堠就损坏，所以要经常修复。韦孝宽上任后突破旧思想，下令种植槐树来代替土堠，这样子既免去了不断修复的辛劳，还能让过往行人在树下乘凉休息。朝廷听说后，觉得这个方法不错，就命令全国各州的夹道每隔一里种植一棵树，每十里种三棵，百里则种五棵。

韦孝宽在带兵上很有领导才能，他善于抚慰部下，因此深得人心。韦孝宽在军事上还善于用间谍。他曾经所派往北齐的间谍，都为他尽力效命，还有一些齐人在得到他的财物后，也与他遥通书信。所以，韦孝宽对于北齐的一举一动都有所掌握。

北周建德四年(575 年)，周武帝准备消灭齐国，统一北方。二月，韦孝宽就关于"伐齐"这项行动向周武帝上书陈述了三个计策。周武帝认真思索之后采纳了韦孝宽的建议，他先派人带重金访问北齐，然后再向北齐展开进攻，等到北周

建德六年(公元 577 年)正月,周武帝灭亡北齐,统一了中国北方。

由于韦孝宽在边关征战驻守很多年,对于抗击强劲敌人都很有谋略。并且很多的谋略在布置之初,人们都不能理解,只有等到事情办成之后,才恍然大悟对他的才能所惊叹折服。另外,韦孝宽勤于政事,除了打仗时做军事部署外,他还每天对于自己职责范围内的一些朝政要事尽力批阅。到晚年时期,即使韦孝宽患了眼病,仍然让学士给他读书,可谓孜孜不倦。

韦孝宽因为很小就失去了父母,是兄嫂带大,所以侍奉兄嫂特别谨慎。亲族中如果有孤儿,他一定全力救济,由此,朝野上下对他都十分尊重。

政治家崔宏是个书法人才吗?

崔宏,南北朝时北魏的大臣。字玄伯,清河(今河北清河)人,是关东名门士族出身。他从小被人誉为"神童",又博览群书、虚心问礼,不仅是个政绩斐然的政治家,还在书法上有很深的造诣。

刚开始在前秦苻坚门下做官,后来又在后燕慕容垂门下任吏部郎、尚书左丞、高阳内史。北魏道武帝后来请得了他这个人才,委命为黄门侍郎,与张衮一起执掌机政要事,拟写一些典章制度。天兴元年(公元 398 年),崔宏经过深思熟

虑后建议改国号为魏，被道武帝采纳。后来升任吏部尚书，总管律令、朝仪、官制等。虽然崔宏权倾一时，但是他向来以俭约自居，并不贪权重财，因为拥有这样的品德他更是被道武帝倚重。

崔宏不仅仅是北魏的政绩卓著的政治家，他的书法造诣也相当深厚。他写的草、隶、行书非常有功力，被世人看重，只可惜今天没有任何关于他书法作品的保存。

一代美男将领是如何"香消玉殒"的？

陈子高（公元538~567年），本名蛮子，陈子高是跟随陈文帝后赐给他的名字。他出身很低微，家里世世代代以做鞋为生。但是根据史书记载，他长得艳丽，清白，就如同美女一般。所以在那个兵荒马乱的年代，这样的长相成就了他荣华的命运。

在陈子高16岁那年爆发了侯景之乱，虽然当时境况危机，蛮子也几次陷入绝境，但每次兵刃就要落到他的头上的时候，砍杀他的人总会因为惊叹于他的美貌而不忍下手。因此，他总能死里逃生。后来，在他准备随同队伍还乡的时候，无意间碰上了陈霸先的从子陈茜（蒨），也就是后来的陈文帝。从此开始了人生的转变。

陈茜初见这个如花似玉的蛮子时，非常震惊，他真的没有想到人间还有能长这么漂亮的男子。于是上前问蛮子说：

"你可想享受荣华富贵？何不跟我走？"蛮子那时人生平平，他觉得这个跟自己说话的将军应该能够为自己带来好运，就答应了。从此，韩子高就作为陈茜的娈童，跟随陈茜起居出入，并逐渐受到了陈茜的宠爱。

陈茜性情非常暴躁，只要有一点点生气的事情，就会气得眼冒火星，牙齿格格作响，一副要要吃人的样子，但相传他即使是在气头上，只要见了陈子高，怒气也会全消。韩子高看见主人对自己如此喜爱，自然会加倍地曲意奉迎讨陈茜的欢心。一来二去，两人的感情非常人能敌。据记载，陈茜曾经对韩子高说："人家说我有帝王相；果真如此；到时我便册封你为皇后。"如此可见他对于陈子高的喜爱之深。当然，话只是这么说，陈茜后来登上皇帝宝座的时候，并没有做疯癫的事情。他只是封赏他做了右军将军，加散骑常侍。

陈子高虽然靠着美貌获得了陈文帝的喜爱，但是实际上他还是具有相当的军事才能。承圣十月那一仗，韩子高因为军功首次升职。后来，由于张彪死去，韩子高又能做到礼贤下士，待人优厚，所以逐渐掌控了军中的大权。永定三年六月，韩子高被封为右军将军及侍卫总管，兼顾京师防务及宫庭戒备。天嘉元年，陈国正式改元天嘉，改元的同时，天嘉帝（陈文帝）封韩子高为文招县子爵。天嘉元年三月，韩子高奉命出征，平定了陈昌。天嘉元年九月，陈文帝下诏，命令当时

身为司空侯安都、右军将军的韩子高率领军队向南讨伐侯瑱。天嘉二年正月，陈子高因为此次南讨立下了军功，陈文帝提升他为员外散骑常侍、壮武将军、成州刺史。并下特诏称，陈子高受到封赏后没有必要到成州赶赴上任，原因是他还身为散骑常侍，所以理所应到地应该在帝驾前时时侍奉。天嘉二年十二月，韩子高再一次领旨出征，平定了留异，只是颈部受到重伤。天嘉三年三月，韩子高因为平定留异中又立下了军功，再一次被升迁为贞毅将军，东阳太守，并接管东阳。这次又因为他身为散骑常侍的身份，需要时时陪伴在帝王身边，又不用到东阳上任。天嘉四年十二月，陈子高再次出征，但这次出征可以说奠定了陈子高朝廷重权的地位。他平定陈宝应，换句话说也就是平定了陈朝的内乱。

但是在陈文帝死后，陈顼（陈文帝的弟弟）意图篡位，当然对陈文帝喜爱的陈子高也就下了毒手。于是，他利用莫须有的罪证，指定陈子高意欲谋反，然后便害死了这一代美男将军陈子高。

斛律金是如何深得高欢信任的？

斛律金（公元488~567年），生于动乱的南北朝时代北魏时期，他的高祖是当时敕勒有名的部落首领倍侯利。根据《魏书》记载："倍侯利质直，勇健过人，奋戈陷阵，有异于众，北方人畏之。"也就是说他性格直爽，又勇猛过人，与众

不同，北方人对他都很害怕。并且敕勒民间还有这样的歌谣："求良夫，当如倍侯利"。可见高祖倍侯利在敕勒人民心中是英雄的典范。后来他率领部落投奔了北魏，门下诸子孙都继承了他勇猛的优良传统。所以斛律金的祖父、父亲都在北魏政府中任很高的官职，并且还屡屡建立战功。斛律金时期，因为战功被北魏政府任命为"第二领民酋长"，只需要秋天到京城朝见，春天又回到自己部落，号称"雁臣"。

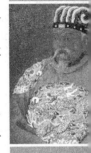

也许是遗传的关系，斛律金的性格如同先祖一样耿直，并且他还善于骑射，尤其精于用兵之道，是北魏历史上具有丰富军事经验的名将。相传，在战场上，他只需要观察一下地面，就可以判断出敌军所处位置的远近；他甚至只需要望一望空中扬起的飞尘，就大致知道敌军骑兵、步兵数量的多少，从这足以看出他在军事经验上的老道。从家族角度来讲，斛律金也继承了祖、父辈们的意志。他不仅自己精于骑射，而且对儿孙们也要求很严格。他的大儿子叫斛律光，字明月，小儿子叫斛律羡，字丰乐。因为秉着对儿子的高要求，所以每次他们出猎回来，斛律金一定要兄弟二人上交自己收获的猎物。大儿子猎物不多，却能得到了他的夸奖；相反，小儿子猎物不少，他却严厉斥责。问其原因，他说："明月射的箭都在猎物的背上，而丰乐却是随便射箭，数量虽然多，技艺却比他哥哥差多了。"还有一次，他组织儿孙们一起聚

会比赛射箭，看完后竟然哭着说："明月、丰乐射箭不如我，诸孙儿又不如他们，我们家这样下去将会衰败的。"

公元 535 年，北魏崩溃，分成了东魏和西魏，斛律金于是一直跟随着当时掌握东魏军政大权的汉人高欢南征北战，立下了赫赫战功。

公元 537 年，西魏的宇文泰率领大军进攻东魏，高欢于是调集了 20 万大军迎击，斛律金也是其中之一。当时东魏大军强制渡过黄河和洛水，与西魏军在沙苑展开会战。西魏军队基本上都属于是精锐的铁骑部队，并且采取了以逸待劳的战略战术，他们出其不意地将东魏军队拦腰截断，以致于东魏军队大溃败。愚昧的高欢到了这种地步仍然准备再打下去，于是派人拿着军士名册到各营地去点兵，结果无人答应。即使已经是群将沉默不同意的当口了，高欢还是硬要发动进攻，旁边冷静的斛律金劝他说："将领离心，士兵溃逃，不能再打下去了，应该立刻收拾剩余的部队向河东撤退。"可是失去了理智的高欢骑在马上还是犹豫不决。而这时敌军已经准备截断东魏的退路了。斛律金为了大局作想，在形势万分危急的时候当机立断，用马鞭狠狠抽打高欢的坐骑，才使得东魏军队在瞬间撤退。以损失 8 万多人的代价避免了全军覆没惨剧的发生。

斛律金因为战功显赫却不居功自傲，所以很是得到高欢

的信任。况且他为人正直，心怀坦白，高欢对他更是信任中多了一份敬重。据记载，高欢经常告诫他的儿子说："你任用的汉人很多，如果有人诋毁斛律老将军，千万别相信。"还在临终时嘱咐儿子说："斛律老将军为人正直，忠贞不二，要信任他和其他老臣。"可见，斛律金的这份忠心多少得到了认可。

高欢的儿子高洋在公元550年建立了北齐，由于一直受到父亲高欢对自己教导的影响，他一登基就封斛律金为咸阳郡王，不久又加封太师。后来，北方游牧少数民族柔然进攻北齐，斛律金还亲自领兵抵御，并且取得胜利。因为这次战功，他又被封为丞相。但是高洋到了晚年却昏庸暴戾，动不动就杀人。有一次他骑在马上拿起矛，三次准备刺向斛律金，都被斛律金岿然不动，毫无惧色的气势吓住，只好缩手作罢。

斛律金教导有方，家教严厉，因此一家人在北齐颇享荣华。除去他自己官居丞相位置，他的大儿子斛律光被封为大将军，二儿子斛律羡和其他孙子也都是镇守外地的大将。他的孙女甚至有的当了皇后，有的当了太子妃，他的孙子也有娶公主为妻。斛律金虽然不识字，没有文化，但他受到家族教育的影响，又熟知历代兴亡的事件，所以知道做人的道理，懂得为大局、识大体，并且还为自己富贵的家族很是担

忧。他曾经对儿子说："我虽然不读书，但也知道东汉外戚梁冀等一时得势，最后倾灭的历史。女儿当了皇后、贵妃，如果有宠，其他贵妃忌妒；如果没有宠，天子嫌弃。我们家只是靠忠心为国建立功勋取得富贵的，怎么能依靠女孩子们呢？"由此，我们可以看出这位名臣斛律金高贵的人品。

公元567年，80高龄的敕勒名将死去。

斛律光为何会招来灭门之灾？

斛律光（公元515~572年），字明月，朔州（今山西朔州）人，高车族（或称"丁零"、"敕勒"、"铁勒"）是北齐著名大将。他的父亲是大名鼎鼎的将臣斛律金。刚开始，斛律光被任命为都督，因为善长骑射，有"落雕都督"的美称。后来当过大将军、太傅、右丞相、左丞相等，最后封为咸阳王。他的一个女儿是齐孝昭帝太子高百年的妃子；另一个女儿是齐武成帝太子高纬的妃子，并在高纬即位后封为了皇后。

斛律光从少就非常善于骑射，因为很好的武艺而知名。17岁那年，他被高欢提为都督，后来又做为高澄的亲信都督，不久被封为征虏将军，晋升为卫将军。有一次跟随世宗打猎，天空中有一只大鸟在飞，斛律光引弓搭射，居然正中大鸟的脖子。等到大鸟在空中盘旋着掉下来是，却发现原来大鸟是一只大雕，从此他就获得了"落雕都督"的称呼。

斛律光性格刚强正直，治理军队很是严厉，并且在打仗

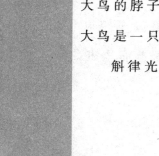

的时候，他总是亲自在前方指挥，也因此他的部队战斗力都很强。这可以从历史记载中看出。说在北齐和北周的频繁战争中，他带兵几十年中多次立功，却从没有打过败仗，并且北周将士都很怕他。

河清三年（公元 564 年），北周派大将达奚侵略骚扰北齐的平阳（山西临汾西南），那时北齐派遣斛律光率领步兵和骑兵三万人来抵抗。可是达奚居然在听说北齐将领是斛律光后，吓得不战而退。北齐军队于是在斛律光带领下乘胜追击达奚军队到北周边境，俘虏了周军 2000 多人。那年冬天，北周大将宇文护亲自挂帅出征，并用柱国大司马尉迟迥作为先锋，率领 10 万人攻打洛阳，还策划派遣雍州牧齐国公宇文宽、同州刺史达奚武、泾州总管王雄屯兵在邙山（河南洛阳西）做响应。北齐当时派的是美男将领兰陵王高长恭和斛律光前往救援，而齐王自己也带领卫兵从晋阳出发，作为后应。齐、周两国军队在邙山相遇，斛律光却首战告捷，与高长恭只带领了 500 名骑兵就成功突破北周军队的包围进入到洛阳城，与城内守军会合。北周将领尉迟迥退守在邙山，会同宇文宽、王雄等领兵对北齐抗战。北周猛将王雄居然骑着马就冲入到了斛律光营中，斛律光看见他来势凶猛，急忙逃跑出阵营。却没想到自己只剩下一支箭，随行的也只有一个兵士，而王雄还在后面气势汹汹地紧追不舍。慌乱中反而

镇静的斛律光在奔逃中取弓措箭，回身向王雄射去，正中他的前额头，当晚王雄就因为伤势过重死去。斛律光乘着这股气势带领军队奋勇杀敌，打败了北周，还"斩捕首虏三千余级，迥、宽仅而获免，尽收其甲兵辎重"。齐王高湛赶到洛阳时，论功行赏，斛律光于是晋升为太尉，又封为冠军县公。

天统三年（公元567年）十二月，北周再次围攻洛阳，企图阻断齐军运粮的通道。第二年正月，斛律光奉高湛的命令率领三万名骑兵和步兵对北周讨伐。军队到达定陇的时候，与周朝将领张掖公、宇文桀、中州刺史梁士彦、开府司水大夫梁景兴等相遇。斛律光当时"擐甲执锐，身先士卒"，宇文桀军队因此大败，被他斩杀了两千多人。北齐军队趁胜长驱直下，到达宜阳，又与在这里防守的北周齐国公宇文宪、申国公拓跋显敬相对峙了将近一百天。为了沟通宜阳的道路，攻破这里的防守取得主动权，斛律光派人垒筑了统关、丰化二座城池，但是在齐国军队返回时，宇文宪等率领5万人对北齐发动追击，没想到却被斛律光纵骑反攻，周军又一次惨败。开府宇文英、都督越勤世良、韩延等还被北齐俘获。不服惨败的宇文宪又命令宇文桀、大将军中部公梁洛都、梁士彦、梁景兴率领3万步、骑兵，在鹿卢交对北齐展开拦击，却再一次被斛律光与韩贵孙、呼延族、王显合力击败。梁景兴被斩杀，斛律光还获得战利品——一千多马匹，他也再次因

为军功被加封为右丞相、并州刺史。这年冬天，当斛律光率领步骑兵 5 万人在玉壁垒筑了华谷、龙门二座城池，和宇文宪、拓跋显敬向对持时，吃了他很多败仗的宇文宪再也不敢轻举妄动。斛律光趁机前进围困定阳，营筑了南汾城，置州等城池来对付逼迫北周军队，因此当时胡、汉有 1 万多人前来归附北齐。

武平二年（公元 571 年），斛律光率领军队又垒筑了平陇、卫壁、统戎等 13 所镇、戌。当时，北周的柱国抱罕公普屯威、柱国韦孝宽率领一万多人的步骑兵对平陇展开攻击，和斛律光的军队在汾水之北展开了大战，斛律光再一次俘虏杀掉一千多人导致周军大败。接着，北周又派出他们的柱国纥干广略图进攻宜阳，被率领了 5 万人的斛律光打败。斛律光因此夺取了北周的建安等四所戌，俘获了一千多周军凯旋而归。

斛律光有一个女儿作了皇后，有两个女儿是太子妃，他的子弟也差不多都被封侯作将，还娶了三位公主。所以他常常像父亲一样，替这样子显赫的门第担心。为了避免惹来祸患，斛律光持家很严。除了在生活上节俭外，他从来不会谋取私利，对贿赂更是深恶痛绝。为了保持清正，他不喜欢宴请宾客；也自觉地秉持武将不参与干预朝政的理念。可即使是这样的修身养性，斛律光还是未能逃脱祸患的降临。因为

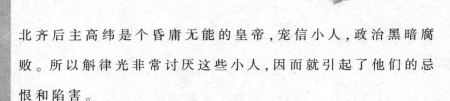

北齐后主高纬是个昏庸无能的皇帝，宠信小人，政治黑暗腐败。所以斛律光非常讨厌这些小人，因而就引起了他们的忌恨和陷害。

北周名将韦孝宽多次和斛律光交手，都不能获胜，就产生了借高纬昏庸除掉斛律光这个眼中刺的想法。于是他指使人制造了斛律光篡位的谣言，编成儿歌，在邺城歌唱。武平三年（公元 572 年）六月，高纬以赏赐给斛律光一匹骏马，约他第二天游观东山为借口，将他引诱到宫中杀害，时年 58 岁。之后，高纬还以谋反罪诛灭了他的家族。

著名事件篇.

刘裕对抗南燕的战争是如何取得胜利的？

从史料中我们可以了解到，南北朝之南朝进行过好几场北伐的战争，而北伐都有哪些任务呢？经过研究历史后我们可以得出其中一个答案，那就是为了抗击北朝骑兵的突击！南北朝对峙时期，一直差不多是南弱北强的形势，因此，南军只能在兵种组成和战役部署上发挥自身的特点，力求遏制敌之长——骑兵。

在刘裕北上准备消灭南燕时，进军路线上，他指挥南朝军队放弃由徐，兖北上大路的易于行军的路线，而取道琅琊，大岘，再经过沂蒙山区这些行动困难的山路！从军事角度来分析，这样取舍的原因在于：如果直接走经过徐、兖的道路，因为这两个地方都接近秦、魏的边境，那么行军的侧翼部分容易因为暴露而遭到秦、魏骑兵的袭击。况且当地地势的平坦非常有利于南燕的优势骑兵驰突。但是如果取道琅琊，不仅可以避免这种对刘宋军队不利的因素，还让南朝水军得以"由江入淮，由淮入泗，由泗入沂"，直接直抵天险大岘山下。实际上这条补给线还非常通畅，对于保证军需充足十分有利！刘裕因此采用这条线路，然后在沿途广泛建筑城堡，并派兵留守，断绝了南燕骑兵袭击他们粮道和后路的念头。

因为刘裕北进，使用的战术是步、骑、舟、车联合作战来抗击南燕的精锐骑兵。所以他行军途中必须携带大批粮食

和抗骑兵，攻城等的器材，这大大增加了战役准备的复杂程度。但幸运的是，当时南燕最高指挥层过分迷信自己的精锐骑兵，甚至还梦想利用骑兵的冲击力一举击败刘裕！所谓"骄兵必败"，南燕这种既不利用大岘之险来阻击晋军，纵使敌军长驱直入，又坚壁固守的做法给了刘裕北伐胜利很大的机会。军事能力非凡的.刘裕在南燕的这种疏忽下整顿兵士，安营扎寨，为未来的战斗做最充足的军事准备。

后来战场拉入平原地区，南军离开了水军的掩护，又远离山区，并且是直接面对北军的强力骑兵！刘裕只能采取临战队形，在如此不利于南军的条件下对付燕军的骑兵突击！他用四千乘战车分列为两队，边行进边战斗。为了抵御敌军骑兵的袭击，他命令"车悉张幔"（以能挡箭矢之物制成，挂在车上），然后分抵御和进攻两种战术并进。步兵夹在车兵间行进；骑兵则在两侧及车后警戒掩护。这样仿佛是建筑了一道人肉壁垒，军士们在遇到敌人的时候就进攻，如果离得远就用强弩攻击，如若离得近则只需要猛烈猛击，就可杀死很多人。刘裕还在双方血战僵持不下的时候，出奇兵袭击临胸，使得南燕军军心大乱，而刘宋军队只此一举就奠定了胜局！

刘裕不愧是卓越的军事统帅，他在这次战役的时间选择上也很好的把握住了机会。当时，北方各国都在发生混战，而南燕正处于孤立的形势；于是刘裕充分发挥北府兵的战

斗力，合理组合各兵种，以较高的战役指挥领导水平，圆满的完成了预定的灭亡南燕的目的！

后秦为何为刘裕所灭？

刘裕在灭掉南燕七年，镇压了当时国内的反对势力以及平定了卢循领导的农民起义后，就开始了平灭后秦的战略行动！

刘裕要想向西进攻灭掉后秦，首先必须要保证水路的畅通无阻。而如果要向西入定关中，又必须绝对掌握黄河水道的控制权！因此，刘裕为了完成灭掉后秦这个战略目的，先吩咐下去，令人打通了由淮、汴入河，再由淮、泗入河的水路，用来保证大军及其打仗的重量级设备可以沿水路向西运输行进。但这期间遇到了两个问题。第一，战略进攻的方向中途变更为先向北再向西！第二，行进时是沿着黄河，但黄河北岸是后秦的嫡亲北魏的势力控制范围。所以，南军采用水路行军时其实是侧敌行军，把自己的右翼完全暴露给了魏军。

当时为什么要采取中途转向进攻呢？主要原因是由步、骑、水、车四个兵种合成的作战集团必须要依靠水路进军。因为一路上军队需要携带补充四个兵种的武器装备、抗骑兵和攻城，筑垒等用的器材和由于进军时间战线太长而需要携带的大量粮食和被服装备。这些庞大的随军物质，离开水路运输很难完成。并且水军是南朝所特有的，如果沿着水

一本书知晓南北朝

路进军还可以发挥使用水军的优势特点。加上从地理位置上来看，后秦的荣阳、洛阳、潼关等重要军事据点都背靠着黄河，因此这意味着如果南朝的水军控制了黄河，那么所有黄河沿岸的后秦军事要点的北侧和后方都时刻处于南朝水军的军事威胁之中。这就好比在后秦和北魏之间划出了一个隔离带，不仅割裂了两者的联系，还间接为南军提供了安全保障。正是基于有这么多的好处，军事家刘裕才敢侧敌而行！当然，军事战斗上来讲，这种变更方向和侧敌行动的进军，在战争史上是罕见的，他只能在占有相当大的优势和自己差不多掌握了有效的保障措施之后才能实施！

当时，在刘裕的作战计划中，他第一步是要前锋各军迅速占领洛阳。因为这样就得以开放水路，保障水军劲旅和陆军主力，及其庞大战斗物质运达战场！之后，他的目标就是展开对关中的夺取！所以，在前军占领洛阳的情况下，刘裕率领主力从彭城出发，经由黄河水路溯河而上。对此，北魏采取了崔浩的建议，一面借水道给刘裕，一面派几万精兵在北岸对他进行监视！魏军派遣了几千骑兵沿着黄河北岸，跟随晋军的船舰向西行进。晋军因为是逆水而上，靠岸时都需要军士在岸上拉纤，所以魏军常常杀掠那些登岸的兵士。等到晋军上北岸准备抗击魏军，魏军却看见他们上岸就撤退，等他们一退兵又来，如此这般折磨后，晋军船舰行进受到很大的阻滞。

刘裕为此想了很多办法，后来他为了掩护船队加速通过，派白渣队主(白直队是从白丁中选壮勇者所组成的卫队)了眸率领手拿兵器的壮勇士七百人，一百乘车乘，登上北岸，在水滨摆上了"却月阵"(车辆列阵就像缺月，中央离水边只有一百多步，两边向内弯到水边，每车配给七人)。布置完华后就在阵内树一面旗帜。魏军根本不知道他们的用意，所以都不敢轻举妄动。刘裕于是就事先命令宁朔将军朱超石做好行动准备，等到阵中的旗帜一树起，朱超石立即带上二千人渡河进入"却月阵"，里面每辆车上增加二十人，再配上一张大弩，并且在车辕上加设防冲击的障碍物。魏军此刻见到阵已经立好，就出动了三万骑兵从四面八方围了上来，企图用肉搏来破阵。晋军阵里设置的弩对于这种局势控制不住时，朱超石旋即命令军士收稍，将他们折断为三四尺长，在用鎚鎚稍，这样子一稍常差不多可以洞贯三四人，魏军一时间抵挡不住，只能溃败。刘裕水军于是才得以加速通过。

再往后，晋军采用了精兵迂回和利用水军奇袭的战术，终于攻破了长安，灭掉了后秦！

南北双方是如何演绎战略防御与攻击的？

南朝在宋武帝死后，曾经多次和北魏交锋，但都处于不利地位。尤其是文帝刘义隆两次北伐取得失败后，还被北魏主拓跋焘抓住机会，以重骑兵集团南下，导致北魏的兵士抵

达长江北岸，江淮一带"邑里萧条，元嘉之政衰矣"。从此，北魏的势力开始跨过黄河，进入中原地区，原来南方的战略优势自此丧失，南军因为无力同北魏争夺中原，只能转入到战略防御阶段！

北朝虽然气势汹汹地从北方南下，并从黄河北岸逐步进入中原地区，但是他也面对着一个新的问题，那就是如何突破南朝严密的城堡防御体系。方法无非是两个：1. 长期围困。如同早期魏宋的东阳之战，魏国围困宋朝城池达到三年之久，最后终于用很大的代价换来了胜利。2.采用前仆后继的战法，等到积累起来的尸体能够达到北齐城池高度的时候，再使用骑兵乘机冲入其中。而且这一项向来是北朝的主要做法，只是他们强攻时基本是强迫非本民族的士兵来完成。

当然，无论从哪方面来看，这两个方法都不是很好，因为北魏已经深有体验。当初在夺取刘宋时，在河南的各个军事重镇付出的代价太过于惨重，让北魏不能再承受一次。但是现在他们南下攻城进展缓慢却又有"骑虎难下"的窘境。针对这一点，当时北魏著名的汉臣崔浩建议"南人长于守城，昔符氏攻襄阳，经年不拔，命以大兵坐攻小城！若不时克，挫伤军势，敌得徐严而来，我急彼锐，此危道也。不如分兵略地，至淮河为限，列置守宰，收敛租谷，则洛阳、滑台、虎牢更在军北，绝望南救，必顺河东走，不则为圈中之物，何

忧其不获也？"大意就是不能再采取这种守株待兔的方法，而应该分兵进行围困，以期夺取战役胜利。

公元450年，宋魏发生了第二次大规模交锋，双方一度僵持在黄河南岸一线。魏军为了突破对峙，先将主力收缩防御，等到秋高马壮的时候再大举南下，使用主力从中央对宋军进行突破，从而撕开了宋军的防御部署，直接插入江淮地区，进而饮马长江。当时除了魏军的强悍有部署外，还由于宋军在战略指导上犯了严重错误。宋军军事领导阶层对于魏军这种以往战争史上前所未有的"大纵深穿插战法"不知所措，导致沿途各个军事要镇的军队都吓得不敢迎敌，致使魏军基本达到战役目的。

那个时期南北双方的战斗主要是在江淮之间的地区展开。南朝军队面对北军的军事优势，只能利用江淮之间水网密集的特点和北军大都不习水战的弱点来做战略防守。南朝于是采用"屯兵、积粮、坚守城池"的方针作为指导，并利用江河泛滥来阻止北军南下。他们希望能长期坚持到来年春后，北军肯定会因为不耐炎热而自行退却，或是等到河水大涨援军突然的到来，这样子内外夹击，北军一定会失败。这其中最典型的战例就是梁魏之间的钟离会战。梁军就是采用的用"坚城固守"和"外围增援，内外夹击"的方针击败了北军少数民族的优势在于他们原本就是轻装骑兵，作战基本采用机动战术。但在壁垒城堡森严的中原，善于布阵列

营的汉族军队让他们的优势得不到很好的发挥。因此，北方军队在这种破解防御的战争中，逐渐将汉族的优势与自身优势结合起来，产生出新的作战方式。而中原的汉族军队在这种防御与反击中，也学会了很多北方战术。所以，南北双方的这种攻击与防御在一定程度上促进了南北双方的交流。

侯景之乱到底分哪几战？

侯景之乱是由侯景这个人带领而发动的叛乱，他实质上是南朝期间由诸侯王为了自身利益而发起的祸国殃民的事件。侯景在起兵反叛梁武帝萧衍的过程中，大肆烧杀抢掠，不顾人民反对强行发动战争，不仅让社会陷入了混乱，还给人民群众带来了灾难。他也最终由于不得人心，封帝的第二年就被梁朝原兵将所杀。

当时，南朝的君主梁武帝萧衍因为信奉佛教，在社会上大肆扩建寺庙佛塔，还曾在同泰寺出家，要求群臣用巨款为他赎身。并且因为他过分迷恋于宗教而不理朝政，导致政治腐败，社会混乱，处处存在着"今天我叛变，明天我投降"的局面。

侯景是羯族人，曾经是东魏将领，后来投靠了西魏。梁武帝因为想收复中原就顺带将随时准备跳槽的侯景挖墙脚过来，封他做了河南王。后来，梁朝的宗室子弟萧渊明被东魏俘获，梁武帝打算用东魏的判将侯景来同东魏交换人质

160

萧渊明。这件事情彻底激怒了侯景。公元 548 年,他正式带兵反叛梁武帝。后来率军攻入京城建康,攻破皇城,困死了萧衍,自己封为丞相,开始执掌朝政。到了公元 551 年,他自封为皇帝。

所谓的侯景之乱,虽然普遍认为是指侯景率领军队叛变反抗梁武帝,但是就历史角度来讲,侯景之乱确切的应该分为这么几个阶段:侯景叛东魏的战乱、侯景叛梁国的战乱、侯景攻击三吴的战争以及萧绎讨伐平定侯景的战争。

侯景叛变东魏的战争主要是指:东魏武定五年(梁太清元年,公元 547 年),司徒侯景叛变了东魏投降梁朝,被东魏大将慕容绍宗等在涡阳(今安徽蒙城)击败。武定五年正月,东魏的丞相高欢死后,管辖黄河以南地区的侯景因为和高氏不和,就叛变东魏,归附了西魏。只到二月份,西魏就封侯景为太傅、上谷公。但朝三暮四的侯景当上西魏的太傅没多久,又动了跳槽的念头。他派遣使者给梁武帝萧衍写了一封信,信中向梁武帝表示,他愿意带着他现时控制的荆、襄等十三州归附梁朝。有这样子的好事,梁武帝何乐而不为呢?于是就封侯景为河南王,又在三月份的时候命令司州刺史羊鸦仁、兖州刺史湛海珍等率兵 3 万向悬瓠(今河南汝南)挺进,运输粮草接应侯景。

五月份的时候,东魏司空韩轨等人一同在颍川(今河南长葛西)围攻叛徒侯景。被围困着心急如焚的侯景觉得梁朝

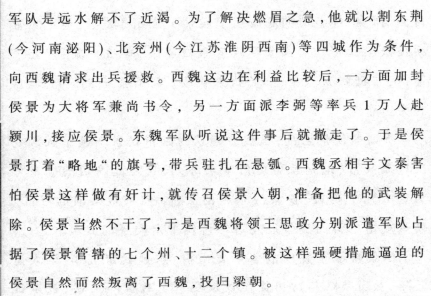

军队是远水解不了近渴。为了解决燃眉之急，他就以割东荆
(今河南泌阳)、北兖州(今江苏淮阴西南)等四城作为条件，
向西魏请求出兵援救。西魏这边在利益比较后，一方面加封
侯景为大将军兼尚书令，另一方面派李弼等率兵1万人赴
颍川，接应侯景。东魏军队听说这件事后就撤走了。于是侯
景打着"略地"的旗号，带兵驻扎在悬瓠。西魏丞相宇文泰害
怕侯景这样做有奸计，就传召侯景入朝，准备把他的武装解
除。侯景当然不干了，于是西魏将领王思政分别派遣军队占
据了侯景管辖的七个州、十二个镇。被这样强硬措施逼迫的
侯景自然而然叛离了西魏，投归梁朝。

　　后来，侯景又因为对梁朝的不满而发生了叛变梁武帝的
叛乱。梁武帝太清二年(公元548年)，侯景在寿阳(今安徽寿
县)率领军队起兵叛变梁国，攻破了台城(今江苏南京玄武湖
南)，打败了梁武帝萧衍。太清二年八月，作为东魏叛将的侯
景因为反对梁朝将自己作为人质来与东魏议和，就打了"诛
杀中领军朱异、少府卿徐驎"的名号，在寿阳起兵叛梁。并私
底下秘密勾结临贺王萧正德在梁朝的国都建康(今江苏南
京)作为他的内应。梁武帝得知后，立即派邵陵王萧纶带兵
征讨侯景。双方撕破脸后，侯景决心要在这场战争中争取主
动，就放弃了淮南，率领轻骑突然袭击建康，十月份时，侯景
对外扬言要进攻合肥，实际上却袭击占领了谯州(今安徽滁
县)、历阳(今安徽和县)，进而还带兵进驻临江。在讨伐侯景

的过程中,梁武帝在朝廷上征询意见,却因为统一不了思想而放弃。最后,梁武帝命令萧正德为平北将军、都督京师诸军事,屯守在丹阳郡(今江苏南京西南)。哪晓得萧正德却派几十艘大船,假托是运芦苇,暗中接济侯景军火粮草。

侯景渡江之后,又分兵袭取姑孰城(今安徽当涂),俘获了淮南太守萧宁,并且将军队主力向慈湖(今安徽当涂西北)进发。朝廷上下在这种情形下一片震惊,梁武帝仓惶部署都城建康的防务,命令宣城王萧大器总督城内诸军,还赦免了大牢里德囚徒来充军。侯景带兵来到朱雀桁(今江苏南京南)时。萧正德为他大开宣阳门。使得侯景的军队得以入城,围攻台城。十一月,侯景就宣布立萧正德为帝,自封为丞相,改元正平。后来陆续攻占击破台城,侯景又要挟梁武帝及太子,让他们解散援军。从而侯景占领了建康全城,控制了梁廷军政大权。

侯景之乱还包含侯景攻三吴的战争。梁太清三年(公元549年)三月至十二月,自封为丞相的侯景派遣将领攻夺三吴(以吴、吴兴、会稽三郡为三吴,相当于今天的江苏太湖以东、以南和浙江绍兴、宁波一带),并获得了胜利。太清三年初,侯景攻占台城(今江苏南京玄武湖南)后,在三月末就派遣于子悦率领几百个军士攻夺吴郡(今江苏苏州)。当地很可笑的是,豪强陆映公因为害怕同于子悦作战打不赢,最后落个资财被掠夺得后果,就劝太守袁君正拉着米、牛、酒来迎

接于子悦并投降。哪知道残暴的于子悦不仅俘获了袁君正，还大肆掠夺。激起了公愤后，民众纷纷建筑城堡反抗。五月份，侯景任命厢公苏单于为吴郡太守，和宋子仙一起进军钱塘。新城(今浙江杭州境)守将戴僧逷并不放弃，而是据城防守。六月份，平民百姓陆缉等人起兵攻打吴郡，斩杀了苏单于。七月份，宋子仙从钱塘(今浙江杭州南)回来攻打陆缉，陆缉不堪战斗，只能弃城逃奔到海盐(今浙江嘉兴东南)。而吴兴(今浙江吴兴南)驻守的兵力比较弱一些，侯景就派中军都督侯子鉴来攻打，最后吴兴太守张嵊战败被俘。十一月，侯景再次派宋子仙从吴郡攻打钱塘，戴僧逷实在撑不下去就投降了。

　　侯景连带他的部下都烧杀抢掠、无恶不作，并且频繁发动一次次对人民生活进行摧残性的战争，这样子无组织无纪律的军队当然不会获得长远的发展，他最终只能走向消亡。于是就爆发了萧绎讨伐平定侯景的战争。太宝元年，侯景攻下梁江州(今江西九江)、豫章(今江西南昌)后，梁国湘东王萧绎派徐文盛率军几万人在贝矶(今湖北黄冈西)打败了败侯景的部将任约，军队向大举口(今湖北黄冈东)进逼。侯景于是派遣为他打了好多次胜仗的宋子仙率兵2万人向西部支援。第二年正月，新吴(今江西奉新)太守余孝顷也带兵起义，声讨侯景，侯景命令于庆迎战。与此同时，萧绎派护军将军尹悦、安东将军杜幼安、巴州刺史王珣等率军2万

人，从江夏（与郢州同治夏口，今湖北武汉武昌）向武昌进发，由徐文盛指挥向侯景部将任约发动攻击。三月份，徐文盛就攻克了武昌，任约只能向侯景请求支援。这次，侯景亲自率军西上，在西阳（今湖北黄冈东）与徐文盛隔江筑放垒营对峙，后来徐文盛军获得胜利。四月份，侯景听说江夏地区空虚，就命令宋子仙、任约率令轻骑 400 人从准内（今湖北黄冈）过江，袭击郢州，俘获了刺史萧方诸。侯景准备乘胜追击，就越过徐文盛的军对盘踞在江夏地区。徐文盛各路军队听说后都惊讶不已，士气大降，徐文盛甚至逃往江陵（今属湖北）。萧绎只能改派王僧辩为大都督，统率诸军征讨侯景。原本王僧辩的军队也没有什么收获，只能采取固守的策略，偏偏老天帮忙。五月份时，侯景的军队突然之间疾疫流行，士兵死伤了大半。萧绎趁机部署作战，频频胜利之后，终于平定了这次叛乱。

侯景之乱，的的确确给社会、人民带来了深重的灾难。首先，他是为了自身的利益目标而发动的战争。其次，他纵兵抢掠、奸淫妇女、无恶不作，给人民日常生产生活造成了很大的影响。最后，他的朝三暮四，频频战争不仅耗尽了社会财富，还滞留了政治、经济、文化多方面的发展。

北魏孝文帝如何进行"汉化改革"？

北魏是由历史上一个古老的民族鲜卑族建立起来的。北魏统治者由于致力于统一，所以发生了一连串不断的民族

征服战争，期间不可避免地对各族人民实行了民族歧视和残酷的民族压迫政策，甚至常常出现疯狂的民族杀戮而导致民族矛盾不断激化。到了北魏中期，这种矛盾以农民起义的形式爆发出来，并且越演越烈。为了缓和这种社会、民族矛盾，极具前瞻性的冯太后、孝文帝先后进行了一系列的改革，统称为孝文帝改革。

　这项目的是缓和民族矛盾的改革，涉及到政治、经济、文化等各个领域，范围非常广泛，内容也极为丰富。将这些措施概括起来主要有以下四点：第一，推行均田制。也就是使农民都分得了一定数量的土地。这项措施既有助于将农民束缚在土地上，让他们成为国家的编户利于管理，又保证了地主们的基本利益以及国家的基本税赋财政收入，还促进了土地私有制的发展。在均田制的基础上颁布的三长制和租调制。对于促进生产力发展和减轻农民的租调负担有相当重要的意义。第二，整顿吏治。一个国家政治的好坏其实主要就在于吏治上。吏治好能规范管理，缓和社会矛盾，吏治差则能带来亡国的命运。所以在这项改革措施中，以"治绩"的好坏为标准，起到了整肃官僚机构，巩固封建统治的作用。第三，迁都洛阳。这主要是孝文帝基于外因方面考虑而制定的方案，迁都除了能更好接受汉族先进文化，又可以加强对黄河流域的控制。第四，实行汉制与移风易俗。主要内容包括有改官制、禁胡服、断北语、改复姓、定族姓等，

这都是汉化改革中特别重要的措施。

推行均田制推动了北方经济的恢复和发展。他规定：国家按照一定的标准将控制的土地分配给农民耕种，但不得买卖。对于露田，每个成年男子可分得四十亩，妇女每人二十亩，这个可以用来种植谷物，另外还分给桑地。而分得田地的农民必须定期向官府交租、服役。他们死了，除桑田外，其他都要归还官府。在此基础上，还设立了取代宗主督护制的三长制。也就是北魏基层的行政组织，它的职责主要是检查户口，征收租赋，征发徭役和兵役，推行均田制，保证了国家对人民有效的控制。并且为了配合均田制的推动，提高农民的生产积极性，推行了新的租调制：规定一对夫妇每年向政府缴纳一定数量的租调。差不多从根本上改革了原来赋税征收的混乱现象，大大减轻了农民的负担。

北魏孝文帝吸取了北魏早期吏治的教训，仿照汉族王朝制定官吏俸禄制，整顿吏治。他规定：俸禄由国家统一筹集发放，禁止官吏自行筹集俸禄，并且将严厉惩治贪污。这基本上扭转了北魏早期混乱的官吏俸禄制度，遏制了以前经常出现的官吏为了筹得钱财而大肆收刮民脂民膏，导致贪污盛行、民不聊生的现象。

魏孝文帝真是一个政治上有作为的人，他不仅从历史经验中学习到了治理国家的策略，还从地理、文化方面入手思索治国的方针。所以他认为要巩固魏朝的统治，一定要吸收

中原的文化,改革一些落后的风俗。而为了学习中原先进的文化,就需要搬离气候恶劣、土地贫乏的平城,把国都迁到洛阳。为了能让大臣们不反对迁都的主张,他先提出要大规模进攻南齐的想法。并对大臣拓跋澄说:"我真正的意思是觉得平城是个用武的地方,不适宜改革政治。现在我要移风易俗,非得迁都不行。这回我出兵伐齐,实际上是想借这个机会,带领文武官员迁都中原"。

公元493年,魏孝文帝亲自率领步兵骑兵30多万从平城出发,到达洛阳。那时,正好碰到秋雨连绵,下了一个月雨的道路泥泞难走,行军发生困难。但是孝文帝心中的目标是说服大臣迁都,所以仍旧戴盔披甲骑马出城,下令继续进军。最后,大臣们终于在他的计谋下同意了迁都这件事情。

其实整理一下关于洛阳的资料,我们就能明白孝文帝为什么一定迁都洛阳的原因。首先,洛阳是古代帝王理想的建都立业的地方,又积淀了比较深厚的汉文化。孝文帝从小在

汉人冯太后身旁耳濡目染她的修养作为,又亲自见证了冯太后在汉文化思想指导下颁布施行的有效措施,所以对于汉文化沉淀深厚的洛阳非常喜爱。其次,迁都洛阳是统治中原的需要。孝文帝因为是一个想有所作为的政治家,所以他不愿仅仅做"夷狄"的君王,他还要做中国人的君王。而要想做中国人的君王,自然要把国都放在中国正统的国都所在地才更名正言顺。另外,孝文帝在迁都洛阳以后,有生之年

一直对南齐用兵，可见孝文帝迁都洛阳还带有达到统一全国的目的。再次，迁都洛阳能解决粮食供给问题。早先的平城偏北地寒，粮食产量非常有限。加上平城没有水陆漕运，交通极不发达，根本不能满足日益增长的对粮食的需求。而洛阳处于北方的中心地带，又是平原地区，交通非常便利，能解决最根本的粮食问题。最后，地理条件也决定了必须迁都洛阳。平城（今山西大同东北）位于偏北方向，地形上不如洛阳平整，加上山脉连接，导致气候干旱，气温偏低，非常不利于农作物的生长，也就制约着北魏经济的发展。而洛阳素来就有"九州暖地"的美称，他四季分明，气候宜人，自古以来是兵家必争之地，也自然成了古代帝王理想的建都场所。

　　另外，孝文帝实行了一系列汉化措施。主要有：1.变换服装：鲜卑贵族一律改穿汉族服装。2.讲汉语：孝文帝宣布全国上下以汉语为"正音"，称鲜卑语为"北语"，并且要求朝臣"断诸北语，一从正音"。3.改汉姓，定门第等级。他将鲜卑人原有的姓氏都改为汉姓，还参照汉族门阀制度来确定鲜卑贵族的门第高下，并按照这些门第高低来选拔人才，任命官吏。4.通婚姻：提倡鲜卑人与汉人通婚，试图通过这种政治联姻，能把两族统治者的利益和命运紧密联在一起来巩固统治。5.改籍贯：规定凡是已经迁到洛阳的鲜卑人，一律以洛阳为原籍。通过这一系列措施，逐步带领鲜卑族学习和采纳汉族的典章制度及生活方式，大大促进鲜卑族贵族

一本书知晓南北朝

积极接受汉族文化。不仅让鲜卑人对汉族文化开始认同，而且争取到汉族地主的支持，有利于民族间的大融合。

总之，孝文帝的这次"汉化改革"促进了北魏政治、经济的发展，加速了政权的封建化进程，提高了中国民族的民族凝聚力，是一次成功又有效的改革。

盖吴起义为何以失败告终？

所谓盖吴起义其实就是北魏前期西北各族人民的联合大起义。他影响范围很广，波及地区西部达到陇东，东部也蔓延到今天山西西南部。发生的背景主要是：魏晋以来，关中地区已经逐渐成为了诸少数族和汉族人民杂居的地方。魏太武帝拓跋焘统治时期，对诸少数族人民实行军事统治，将疆域分化为镇，但各镇镇将都由鲜卑贵族担任。使民族矛盾更加尖锐。

太平真君六年（公园 445 年）九月，由于不能忍受这种激烈的民族矛盾，杂居在今天陕西北部、甘肃南部和山西西部的汉、氐、羌、屠各、蜀（即叟）等族人民开始在盖吴领导下起义，反抗北魏的残酷压迫。十月份，盖吴领导的起义军歼灭前来镇压的魏军，杀死了魏长安镇副将拓跋纥。十一月，盖吴派遣白广平向西部进军。刚好那时安定（今甘肃泾川北）地区的各少数民族也纷纷聚众响应起义。白广平趁此渡过泾河，杀掉北魏口城（今陕西陇县南）守将。同时，盖吴率领起义军主力部队向东挺进，分兵攻击临晋（今陕西大荔东）

170

以东地区，并自称为天台王，下面设置百官。而早已经在河东起兵反魏的蜀人薛永宗，也接受了盖吴的领导。

同年年底，起义军已经扩大到秦陇的金城、天水、略阳，东边达到河东（今山西西南汾水下游至王屋山以西一角）一带，南边也濒临渭水南岸的长安。盖吴甚至还经常派遣使臣到江南呼吁刘宋王朝出兵一同抗北魏。

面对起义军如此的规模，北魏调来了骑兵八万多人镇压。太平真君七年初，太武帝率领大军到东雍州（今山西新绛）对薛永宗进行围攻。导致薛永宗率领的起义军几乎全部壮烈牺牲。经过这次初战告捷后，太武帝渡过黄河向西挺进，到达华阴的洛水桥。但是听说盖吴率领的主力在相隔不过六十里的长安北后，他不敢与他们做正面的决战。只是沿着渭水南岸进入长安，屠杀散关（今陕西宝鸡西南）起义的氐族人民。二月份，盖吴的主力在杏城被北魏的北道将军弗乙拔打败，起义一度转入了低潮时期。三月份，太武帝从长安班师回到平城的途中，又派了部分兵力在李润领导下屠杀起义的羌族人民。后来部分起义军又遭到镇压，

五月份，起义一度陷入低潮的盖吴重新集结力量，占据了杏城，自称为秦地王，从五月至八月期间，一直坚持与围剿的敌军作顽强战斗。最后，由于起义军内部的反叛，盖吴被杀。将领白广平也英勇牺牲。起义宣告失败。

大乘教起义为何以宗教作为旗帜？

大乘教起义是北魏时期以宗教为旗帜的规模最大的人民起义。

北魏时期，佛教传入并强盛发展，僧人内部政治、经济地位却相差悬殊。孝文帝即位后，这种由于地位相差悬殊而引起的佛教内部的派系斗争，日益明显地表现为社会阶级之间的斗争。朝廷在某些时候会支持某些僧侣讲道说法，但同时又会严禁另一些僧侣聚徒传教。一部分僧侣颂扬国有明君、治国有道时，另一些持不同观点的僧侣会公然毁寺烧经，举兵造反来宣泄对朝廷的不满。延兴三年(公元473年)沙门慧造反。太和五年(公元481年)沙门法秀竟然在京都平城就聚众闹事，其中有很多官僚大族参加，但成员更多的是平民和奴隶。太和十四年，沙门司马惠御起兵功课平原郡后自称圣王。延昌三年(公元514年)，沙门刘僧绍在幽州起兵，自称净居国明法王。在他起兵失败的后一年，就爆发了更大规模的大乘教起义。

延昌四年六月，冀州(今河北冀县)沙门法庆、惠晖在勃海李归伯的支持下，率领乡亲百姓在武邑郡的阜城起兵，自号大乘。起义军在攻克阜城后，在煮枣城(今河北枣强)大败州军，斩杀了乐陵太守崔伯驎。经过此次胜利后起义军便挥师北上，围困勃海(今河北南皮北)，攻破了郡城。除了打仗厉害，频频告捷外，起义军发展也很迅速，很快就发展到了

五万多人。他们传言"新佛出世，除去众魔"，因此烧掉寺院，焚毁经像，滥杀僧尼。冀州军人在这种情况下没有一点斗志，不断被起义军挫败。七月间，北魏任命元遥为征北大都督，率领十万大军，向冀州讨伐镇压。冀州刺史萧宝夤趁机启用当地豪强勃海李璧、封隆之等，会同长乐太守李虔，率领冀州军配合元遥的大军镇压起义。在这种集体联手镇压的同时，北魏还派遣冀州大族清河张始均做为行台，与渤海封津、高绰等在阵前向起义军招降。九月十四日，起义军在这种攻势下终于失败，法庆、惠晖等一百多个起义军领导被捕殉难，其他有几万起义民众则被屠杀。最后，北魏又派出酷吏谷楷到冀州搜杀起义军剩余部队，平民百姓因此受害的有很多人。大乘教起义军的余部被迫渡过漳水进入瀛州境内。熙平二年(517)正月，义众突然闯入州治赵都军城(今河北河间)，焚烧州衙，但终于还是被镇压。

大乘教起义一直延续了将近两年，波及的范围非常的广泛，并且起义军在最繁盛时期达到有五万多人。这次起义失败后，北魏政府开始有了反思。他们采取了赈恤，减免兵调等措施来达到缓和矛盾，防止起义再起的目的。

六镇起义为何这般轰轰烈烈？

所谓的六镇起义就是指：北魏时期，长期戍守北边沃野六镇的将卒(多为拓跋部贵族及其成员或中原强宗子弟)因为待遇突然降低而产生不满情绪，在正光四年（公园523

年)爆发了六镇联合发起的反抗北魏统治的起义。爆发的根源在于：随着生产力的发展、鲜卑贵族的逐渐汉化，明帝末年，北魏社会已经成为了政治腐化，权贵奢侈，守宰暴敛；赋役、兵役繁重的模样，百姓纷纷逃亡到别的地方或者依附豪强。因此，六镇举兵反抗北魏通知时，关陇、河北等地各个民族纷纷响应，加入到起义行列中来。

北魏在魏文帝迁都洛阳之前，首都在平城(今山西大同东北)。由于当时塞北柔然国很强大，塞内又分布着高车(即敕勒)和山胡。北魏先后自东向西设置有怀荒(今河北张北)、柔玄(今内蒙古兴和西北)、抚冥(今内蒙古四子王旗东南)、武川(今内蒙古武川西)、怀朔(今内蒙古固阳西南)、沃野(今内蒙古五原东北)等军镇，史称北镇或六镇。用来向外防御柔然的袭击，向内制止高车、山胡的侵扰，保卫京都。

这六镇都不设置州郡，只设置镇、戍来管理民众，所谓的镇民也主要是有着较高地位的鲜卑拓跋部民众。后来，随着北魏疆域的扩大，不断有汉族和其他族的大族豪强、部落酋帅迁徙到这里。文成帝以后，还不断将囚犯发配到这里。从此，原本有较高地位的镇民地位日益下降。加上孝文帝迁都洛阳后，政治、经济中心南移，北镇就失去了原来军事上的重要地位。到北魏后期，北镇镇民的贫富差别不断加剧。军镇的统治者主将、参僚和豪强，他们一方面因为不能充当清官而对北魏政府不满，另一方面，对广大镇民欺凌奴役，

剥夺他们的土地,让他们承担着繁重的苦役,还受到歧视。而北镇的镇民中有不少人来自高车、山胡,并且一直保留着部落组织,居住在六镇边塞一带,对北魏政府承担兵役和贡纳义务。所以,他们和洛阳政府既存在着矛盾,又具有利益上的一致性。

正光四年(公园 523 年),怀荒镇的镇民因为愤恨镇上的将领于景不向镇民发放粮食,将他杀死而开始了起义。不久,沃野镇民破六韩拔陵聚结民众联合杀死了守镇的将帅,攻占了沃野镇,自封为元真王。后来他率领起义民众南下,并派遣别帅卫可孤围困武川,攻打怀朔。怀朔镇的首领杨钧于是提拔武川豪强贺拔度拔及他的儿子允、胜、岳为统军、军主,对起义军进行顽强抵抗。正光五年三月间,北魏派遣元彧来镇压拔陵。却被拔陵在五原打败。北魏又命令李崇取代元彧做为北讨大都督,崔暹、元渊做为他的副将。七月,拔陵在白道打败崔暹,李崇只能退守在云中。八月份,东西两部军队都背叛魏国依附了拔陵,起义军一瞬间人员兴盛。孝明帝没有办法,就下诏改镇为州,希望可以对起义军进行安抚。

孝昌元年(公元 525 年)初,柔然率领 10 万人,从武川向西到达沃野,帮助北魏镇压拔陵。六月,拔陵在五原围击元渊,元渊被迫向北撤退到朔州(原怀朔镇)。元渊又派遣于谨说降了已经起义的西部高车酋长乜列河重新归附于他;阿

那此时在五原打败了拔陵,拔陵被迫南下。但是后来在阿那和元渊的联合夹击下,拔陵的20万起义军被元渊堵截而投降,拔陵的主力部队宣告失败。但几个月后,起义又在河北地区再次爆发。

同年八月,柔玄的镇兵杜洛周(一作吐斤洛周)聚集北镇流民在上谷(今北京延庆)造反,并率师西上,围住燕州(今河北涿鹿)。十二月,洛周到达黄瓜堆,击败了投降北魏的高车酋长斛律金。孝昌二年,洛周攻破了镇守军都、居庸两关的魏军,南下幽州。

杜洛周上谷起义的第二年,原本是怀朔镇兵的鲜于修礼等率领北镇流民在定州的左人城(今河北唐县西)举兵起义。北魏任命杨津为定州刺史、行台,命令他镇守中山;为了以防万一,又派遣长孙稚带领河间王元琛一起率军支援。四月份,修礼率领起义军大败了长孙稚。五月间,魏又委任元渊

为大都督,率领元融、裴衍再来救援。八月间,起义军内部出现了汉奸元宏业,他杀害了于修礼,自己被于修礼的部将葛荣诛杀。从此,葛荣替代于修礼率领起义民众坚持斗争。九月份,葛荣逼近瀛州,击败了北魏左军都督元融,又俘杀了元渊,起义军为之军心大振,葛荣于是自称天子,建国号齐,改元广安。

葛荣的起义军在发展的同时,尔朱荣的势力也在急剧的扩大。高欢、段荣、尉景、蔡等怀朔镇的豪强先是背叛了洛

周，后来又背叛葛荣，加入到尔朱荣的队伍当中来。武泰元年三月，尔朱荣以胡太后杀掉孝明帝为借口，从晋阳出兵向洛阳进发。四月，他溺死太后，杀掉反对的朝臣，立元子攸为皇帝，然后控制了北魏政权。

七月，葛荣率领百万雄师围困邺城。九月，尔朱荣率领精锐骑兵从滏口（今河北磁县西北）出发，与葛荣的起义军展开会战。尔朱荣派遣侯景为前锋，命令高欢在阵前对葛荣诱降。葛荣由于犯了兵家忌讳而轻敌，尔朱荣派出精兵，里外合击，导致了葛荣领导的起义军战斗的失败。在葛荣死后，他的余部韩楼继续在蓟城起义，却被尔朱荣用贺拔胜为大都督而击败。自此，六镇起义宣告失败。

尔朱荣之乱掀起了多少血雨腥风？

北魏尔朱荣之乱并不是一起普通的民间起义，而是统治集团内部间为争夺中央政权而发生的一次变乱，又称"河阴之变"。尔朱氏是胡人，胡原本是匈奴族的一个部落，北魏初年降附于鲜卑拓跋部，被安置在秀容川（今山西朔县北）。这一适宜放牧的地区适宜放牧。因为尔朱氏世世代代为这一部落的酋长，所以积聚了大量财富。北魏后期，鉴于各族人民频繁爆发起义，尔朱荣于是与汉族地方豪强势力相勾结，积极发展政治、军事力量。他先后镇压收编了秀容一带的人民的起义，兵力逐渐强盛起来。

魏孝明帝武泰元年（528）二月，胡太后因为毒杀孝明帝

元诩,将刚出生的皇女冒充皇子,立为皇帝,几天后又另立三岁的元钊为帝。车骑将军尔朱荣,以并、肆、汾、唐、恒、云六州讨虏大都督的身份假借给孝明帝报仇的名号,从并州领兵南下,目的就是攻击洛阳。四月十一日,尔朱荣在河阴(今河南洛阳东北)立元子攸为皇帝(孝庄帝),自封为侍中,独揽了朝政大权。同一天,洛阳东北门户的河桥守将投降了尔朱荣,自此,京城也就没有什么可供抵挡他的军队了。于是北魏皇城军队解散,胡太后被迫削发为尼。

具有相当政治野心的尔朱荣认为:北魏朝政的腐败,就在于全朝上下纲纪的败坏以及大臣的贪婪残暴,所以安排兵士将王公卿士两千多人全部杀害,成为历史上著名的河阴大屠杀。不甘当傀儡的孝庄帝元子攸目睹了河阴大屠杀的惨景,也深知尔朱荣的政治野心,于是他经过一番密谋,在永安三年(公元530年)九月,趁机杀死尔朱荣。从此,尔朱荣之乱宣告结束。

科技文化篇

我们应该怎样看待南北朝科技文化？

南北朝时期，是我国历史上出名的分裂、混乱时期，王朝之间不断地更替变换导致了社会的动荡不安。但是由于北方出现了短暂的统一，促进了民族大融合，所以社会生产有一定的发展。与此同时，南方在几位贤明君主的治理下也得到开发，经济开始迅速发展。随着社会经济的发展，必然就会带来科学技术的进步。因此，虽然是在分裂期，但是这一时期的文化科技取得了多项令人瞩目的成就，有的还处于世界领先地位。

南北朝的学术思想发生了怎样的转变？

两汉时期一度独尊儒术，但是经过三国、魏晋之后，儒学独尊的地位已经逐渐被破除。到了南北朝时期，"不专为一家之言"的思想已经促进产生了集儒、道、名、法诸家学说相互渗透的多元化思想。而在这诸多的思想流派中，既出现了"以法治国"、"务实求治"、"无君论"等有价值的积极观点，也产生了许多消极颓废、遁世游仙的思想，其中影响最大的是玄学思想。

首先，学术思想上转变的最突出一点就是由单一"儒学"思想向"多元化"方向发展。孔、孟建立起来的儒家"仁学"体系，主要体现在从人性、人情角度构筑价值理性。他更关注的是人的"内在"，即主观因素。而把"理性"的目光转

向外在存在并且关注客观事实与知识，则是由老子开创、庄子宏扬的道家思想。名家思想则主要是以思维的形式、规律和名实关系为研究对象的学派，他没有共同主张，只是研究对象相同。这些思想他们大体上都有一个共同点，那就是认为人类社会的黄金时代在过去，不在将来。他们认为历史是逐渐退化的，人的创新没有能力拯救自己。但是，以韩非子为代表的法家观点认为"时移而治不易者乱"，并确立以"权、术、势"逐级统治为根本，建立了名义上为法制实质上是人治的封建规章体系。所以从这一思想转变中我们可以看出：南北朝时期在治国平天下道路上有很多不同选择。这也为我们理解南北朝时期的四分五裂，混乱不堪，征战连连提供了背景。

其次，由于杂家并存，所以南北朝时期的学术思想还出现了积极与颓废两类不同走势。积极方面的思想例如颜子推。在他所著写的《颜氏家训》中，对他一生关于士大夫立身、治家、处事、为学的经验进行了总结。从中我们可以看到他的这些思想：首先，他认为只有尽可能地扩大获取知识的范围，并把所学的知识进行比较、鉴别，才能更接近客观的真理。其次，他提倡既要博览群书，又要接触世务，这样相互参考对应，学以致用才能培养自己的独立思考能力。再次，他提倡虚心务实的态度，并强调师友之间的相互切磋，相互启明。纵观这些思想，其实都是他通过对动荡的社会的思

考、分析、总结说来的，因此具有积极向上的现实意义。但是相对的另一种思潮——玄学却要颓废的多。与求证的思维作研究的科学不一样，他只是用纯解释的思路作研究，因此存在很大的随意性，结果可能千奇百怪，真正接近真理的结果也肯定很少。就哲学范畴来讲，他算是形而上学。但是他的出现也有一定的必然性。在当时你争我夺，你杀我砍的混战年代，知识分子无时无刻不存在着朝不保夕的感觉，所以他们就将"谈学说易"作为了生活娱乐的主要部分，以此来达到暂时的精神世界满足，从而消极回避如此残酷的现实。

综上所述，我们可以试着从历史渊源上来了解这种思想的转变，进而发现学术思想上的转变其实是同当时的社会环境以及政治需求相对应的。汉朝建立之初，由于国力不足，经济凋零，文帝景帝为了发展经济，稳定民心，只能使用"无为之治"的黄老思想。但是到了汉武帝时期，国力昌盛，经济发展，这个时候就需要加强统治，巩固政权，于是他选择了独尊儒术。等到了南北朝时期，由于四分五裂，君主众多，征战连连，所以自然而然地就会出现所谓的"杂说"横行。

南北朝的文学造诣有多深？

南北朝时期的文学发展迅速，并且在我国文学发展史上占有十分重要的地位。其中南朝的文学风格偏向于华丽纤巧，而北朝的风格偏向于豪放粗旷。南朝华丽纤巧文学特色

的代表是骈文。他重点都放在了形式美上，对格律、词藻、用典都很是讲究，但是内容多是些脱离实际生活的，只是抒发一些富贵闲愁。这种文体以庾信、应扬的文章为代表。北朝可能是因为受了地域的影响，抑或是受了生活方式的影响，他们的文章往往不拘泥于修文藻饰上，而是在气势上显得大气磅礴，粗犷豪放。代表人物是北地三才，即邢放、魏收、温子升。

诗歌在南北朝可谓是茁壮成长，不仅文学史上具有代表性的乐府民歌达到繁盛，还出现了像谢灵运这些大腕儿级别的山水派诗人，七言诗也得到了较快发展。叙事长诗主要以南朝的《孔雀东南飞》和北朝的《木兰诗》为代表。民歌方面，由于南北文化的差异，就呈现出了不同的色彩和情调。南朝民歌的内容大都属于是情歌，并且很多都体裁短小，托女子口吻，来达到情调哀怨、缠绵、艳丽的效果。但是语言很清新自然，还夹杂有许多方言口语。北朝民歌却不是这样，他题材广泛，具有丰富的社会内容。感情上也不如南朝的婉约、缠绵，他强调真率，并且语言质朴刚健，风格粗犷豪放，格式除五言外，又有四言、七言、杂言。诗歌方面的主要成就有：谢灵运创作出大量山水诗；鲍照促进七言诗发展；谢朓创作产生了新体诗这一文体；梁、陈诗人继承并发展了宫体诗等。

散文方面，出现了很多文学史上举足轻重的作品。例

如：刘宋范晔著的《后汉书》，北魏郦道元的《水经注》，东魏杨衒之的《洛阳伽蓝记》，北齐颜之推的《颜氏家训》。并且，这一时期还出现了文学历史上很出名的"文笔"之争。即：区分文学范围内的作品为"有韵"之"文"和"无韵"之"笔"两类（《文心雕龙·总术》）。有情采的诗赋为"文"，章、表、书、记等类的实用骈散文字则称为"笔"。骈文方面主要有：鲍照所写的《芜城赋》、《登大雷岸与妹书》；孔稚圭的《北山移文》；江淹的《恨赋》、《别赋》；陶宏景的《答谢中书书》、吴均的《与朱元思书》、丘迟的《与陈伯之书》、庾信的《哀江南赋》、《小园赋》、《枯树赋》等。

另外，这一时期还出现了文学史上小说发展重要的一环节——志人志怪小说。由南朝宋时期刘宋宗室临川王刘义庆组织一批文人编写的《世说新语》是一部主要记述魏晋人物言谈轶事的笔记小说。全书原本是八卷，再分为德行、言语、政事、文学、方正、雅量等三十六门，分别记述了从汉朝末年到刘宋时期名士贵族的遗闻轶事，内容主要为有关人物评论、清谈玄言和机智应对的故事。他的主要特点是：善于用片言只语和富于特征性的细节勾勒出人物的神情态貌以及性格；惯用"皮里阳秋"的手法评论里面人物；再加上文字简练含蓄，清丽隽永，所以著名作家鲁迅曾经称赞他"记言则玄远冷俊，记行则高简瑰奇，下至缪惑，亦资一笑。"

南北朝时期出现的文学批评，对于我国文学的发展起着

非常重要的作用。主要表现为：在文学研究方面，刘勰的《文心雕龙》成为了中国第一部系统文艺理论巨著；陆机撰写的《文赋》，首次把文章的创作过程、写作方法、修辞技巧等问题提上文学批评的议程；钟嵘撰写的《诗品》是我国文学批评史上第一部专门讨论五言诗的专著；而南朝梁武帝的长子萧统组织门下文人编选的《昭明文选》则是中国现存的最早一部诗文总集。

南北朝的科技成果有哪些？

南北朝时期科技的发展首先表现在对于我国数学发展的重要意义上。很早以前，人们就认识了"周三径一"，即圆周率为3。但随着生产的发展，科学的进步，越来越智慧的人们开始追求更精确的数学知识。南北朝时期的祖冲之就是其中一位。他精确地推算出了圆周率的过剩近似值为3.1415927，不足近似值为3.1415926。而这一成果比外国早了一千年左右的时间。数学家祖冲之还用分数来表示圆周率，求出密率为355/113，约率为22/7。并且他还著有《缀术》一书，在天文、历法、机械制造等方面也取得了重大成就。

其次，南北朝时期的科技发展还表现在农业发展上，很著名的成就当首推《齐民要术》。自古以来，历史和地理的因素决定了我国是以农业为主要的生产部门，因而农业很发达。而在这本我国现存最早的完整农书《齐民要术》中，作者

贾思勰集中、系统、全面地反映了中国古代农学成就，并且系统地总结了 6 世纪以前黄河中下游地区农牧业的生产经验、食品的加工与贮藏、野生植物的利用等，这对中国古代农学的发展有重大影响。

再次，北魏郦道元所著的《水经注》也展示了当时南北朝时期对我国地理发展的推动作用。在《水经注》里，郦道元全面而系统的介绍了水道所流经地区的自然地理和经济地理等诸方面内容，堪称是一部历史、地理、文学价值都很高的综合性地理著作。因为他涵盖信息量的广泛，撰写内容的专业以及文字的富有文采，使得《水经注》入选为中国世界纪录协会第一部水文地理专著，也成为中国古代水文地理的又一项中国之最。他并不仅限于《水经》记载的 137 条河流，而后又补入了一千多条，文字也在这个基础上扩充了几十倍，内容更是远远超出了河道、水文，还包括了河道流经地域的历史变迁、经济状况、自然景观等诸多方面。

南北朝的佛教怎样获得发展？

东晋之后，全国南北分裂。南方有宋、齐、梁、陈四个王朝，俗称为南朝；北方有北魏，后来又分为东西二魏，再经过禅位而产生北齐、北周，俗称为北朝。这个时期的佛教由于各朝代各帝王的支持与拥护，寺院僧尼急遽增多，佛教译经也更为隆盛。大小乘教经过讨论争辩，形成了不同的佛教学派，不再依附儒道。这一时期于是成为了中国佛教发展快速

时期。南、北二朝因为民族和地理环境的差异，对佛教的需求也有所不同。南朝传承了东晋的法统，王公名士多继承了清玄作风，所以他们对于佛教的信仰来讲，比北朝更偏重于义学。又因为南朝多个皇帝都喜好问道，并宴请僧人辅佐朝政，因此佛教在南朝有很长足的发展。刘朝宋文帝先后下令道猷、法瑗等人广泛传送讲解道义，曾经请来道人慧琳参与国家政治，文帝的儿子武帝也曾经问法于求那跋陀罗。随后的齐文宣王萧子良更是广泛聘请宾客高僧来精研佛理，开讲经义，还为此撰述著书。历史上很出名的"和尚皇帝"梁武帝还亲自讲经说法，从而一度使得南朝佛教达了鼎盛。他的儿子昭明太子以及简文帝、元帝都身受他的影响而推崇佛法。之后，佛教更是蓬勃发展。

此外，南朝的译经事业，在中国佛教史上占有重要地位。首先，南朝具有相当可观的译经卷数和相当广泛的译经范围，其次，由于诸位皇帝的推崇，南朝对经论的研究译经蔚为风潮，进而促成各家学派的成立。晋、宋之交，义学高僧如道生、慧观、佛驮跋陀罗等都从关中过来宣传教义，随后佛陀什、良耶舍、求那跋陀罗等译经高僧亦陆续南行，建业于是取代庐山成为了南朝佛教领导中心，奠定了南朝译经的基础。

南朝在佛教史上的成就还包括高僧的史传及佛教经录的编纂。根据统计，大概有僧佑的《释迦谱》、《出三藏记

集》、宝唱的《名僧传》、《比丘尼传》、慧皎的《梁高僧传》等。其中《出三藏记集》的目录条例，还开了隋唐译经目录的先例。

北朝的各位皇帝，除了北魏太武帝和北周武帝有短暂的反佛行为外，其余都护持佛教。只是同南朝相比较，北朝佛教的发展与政治间的关系更加密切。再加上北朝民族来自于干旱的北方沙漠地带，所以性子基本上都很质朴粗犷，所以对佛教的信仰差不多偏于祈福行善。北魏文成帝统治时代，和尚有很高的地位并且还可以参政，在朝廷支持下更是设立了僧祇户和佛图户。因此首次开创了佛教的社会福利事业，并开凿了举世闻名的云岗石窟来为皇帝祈福。之后，又相继开凿了龙门、麦积山石窟等。这就更加证明了北朝佛教与政治关系密切，以及佛教所受到的重视。

除此之外，因为北方疆域比较接近西域，所以两地之间僧人往来频繁，交流也多，就导致了译经业发展繁盛。又因为佛学研究者很多，也就促成了各不同学派的成立。例如位居北朝译经之冠的菩提流支。他译出的《入楞伽经》，被认为是禅观最重要的经典依据。

佛教在南北朝的蓬勃发展，早已经脱离了先前需要依附于儒、道的困境，但同时还是会遭到儒、道二教激烈的问难。由于南、北二地，佛、道、儒之间的争论不断，尤其是发生在北朝魏太武帝和周武帝时代的二次的禁佛运动，佛教的发

展也就因而停滞。

南北朝的政治经历了哪些变化？

西晋灭亡后，江南地区相继出现了东晋（公元 317～420 年）、宋（公元 420～479 年）、齐（公元 479～502 年）、梁（公元 502～557 年）、陈（公元 557～589 年）五个前后相承，各自独立的政权，而北方则经历了北魏（公元 386～534 年）、东魏北齐（公元 534～577 年）及西魏北周（公元 535～581 年）等政权的统治。公元 439 年北魏统一北方后，开始与江南的宋、齐、梁、陈四个政权形成了南北对峙的局面，史称南北朝时期。公元 581 年，隋朝取代已统一北方的北周政权，在公元 589 年灭掉南北朝的陈朝，重新又统一了全国，南北朝历史时期到此结束。

分裂和动乱是基本上可以成为市南北朝时期政治上最突出的现象。在短短的时间内，就出现了那么多的政权，这可以说是中国历史很难得的一段分裂时期。那时候，战争与残杀已经成为了常事，很多著名的战役也发生这个时候，甚至这个时期还孕育了超多的历史上荒淫无度的皇帝，出现了很多的小人谗臣。然后，这一时期对于任何一个分裂割据的政权来说，他们都不认为分裂是合理的现象。所以，无论是汉族政权还是少数民族政权，都把消灭其他与自己同时存在的政权，实现国家的统一，作为自己的责任。这也就导致了各个政权都在统一的旗号下发动着实质上是兼并的战争。

民族"冲突"和"融合"是南北朝历史发展的主要内容之一。西晋灭亡后，匈奴、羯、鲜卑、氐、羌等各少数民族纷纷在中国的北方建立起属于自己民族的大大小小的民族政权，形成所谓的"五胡十六国"时期。随后，游牧于北方草原的鲜卑族人拓跋氏趁着十六国时期各民族衰弱的机会向南发展，建立起北魏政权，进而统一了北方。北魏灭亡之际，那些北方边境上还没有完全丧失民族特征的拓跋鲜卑族人以及别的和鲜卑族逐渐趋于融合的少数民族人，又在原来属于是北魂的统治区域内，建立起东魏北齐和西魏北周这两个东西对峙的政权。十六国、北魏、东魏北齐和西魏北周，便形成了三个前后衔接的民族融合的高潮。由于这几个时期内民族融合发生的主要地区——"中国北方"传统的居住民是汉族，所以这一地区的汉族人口在总数上远多于内迁的各少数民族。在这种情况下，根基深厚的汉族传统文化对于没有什么文化典籍的各个少数民族来讲就充满了影响力。因此，无论是在政权组织上，还是生活方式上汉族都称为各少数民族政权模仿的对象。这样，间接地就达到了民族融合的目的。

南北朝又属于是社会阶级分化最为复杂的一个时期。在这一时期，各种各样标明社会身份的专用名词多得不胜枚举，甚至有些至今都还没有完全探明他确切的含义。随着魏、晋政权的更替，魏晋之际的高官显贵逐渐取得了"政治

上世代为高官、经济上免除徭役"的特权,成长为我们称谓的"门阀士族"。而东晋政权就是那些流亡在江南的门阀士族拥戴下建立起来的,因而他们操纵着政权。但是门阀士族在政治上的这种独占地位决定了他们肯定特别容易受到社会其他阶层的冲击。

在南朝的宋、齐、梁时期,皇帝出于这方面的考虑,往往会通过重用非门阀士族出身的人来废除门阀士族的特权,从而执掌军政大权。于是,随着皇权的不断加强,门阀士族的政治地位和着实际的政治能力一起逐渐降低,直至消失殆尽。

南北朝时期的各个政权,不论他的统治区域是广阔还是狭窄,也无论他是汉族政权还是少数民族政权,都采用了一种相同的制度——中央集权制度。虽然门阀士族的政治地位及政治能力在不断降低,但是他们对于皇权的威胁依然很大,所以皇朝政权在用专制主义中央集权制度的同时,还采用部落组织的形式统治各少数民族。这种实行民族分治,从而达到皇权的上升及专制主义中央集权制度的强化的措施又成为各少数民族政权汉化深入的标志。

南北朝的各项具体政治制度在承袭秦汉的基础上又有变化发展。从中央行政制度上来看,南北朝因为承袭了东汉以来的发展趋势,使得尚书台(省)的权力越来越重,而掌拟诏令的中书省及审定诏令的门下省相继设立起来。西晋时,

三省分立制度基本确立，从而取代了两汉以来的三公九卿对朝廷大政的决策权力。其中规定尚书省长官尚书令、尚书仆射成为实际的宰相，他属下的各部尚书分掌政令，但中书省长官中书监，中书令及门下省长官侍中、散骑常侍可以参与议政，这就又抑制了尚书令、仆射权力的过分集中，起到了很好的权利制约作用。东晋南朝及十六国北朝时期大都沿用这种制度，变通不是很大。西魏末年到北周时期，仿照《周礼》设置六官，另外创立了一套中央行政制度。

从地方行政制度看，南北朝继承了东汉末年旧制度，也是以州、郡、县三级行政为核心，但有一些新的变化。变化之一是，在州之上再增加一层权力机构，这样来加强皇权的集中。三国魏时开始在重要的州及战略要地设置都督。都督代表中央控制军队，镇抚地方。但地方军、政分途，都督只有持有使节，才有权诛杀州、郡长官。西晋时，这种都督制得到进一步发展，并且多半是由皇室子弟担任都督。东晋南北朝时期，各代继续实行这一制度。北周虽然改都督为总管，但机构的实质没有发生任何变化。可是由于都督往往拥有好几个甚至10多个州的军事大权，还兼任重要州的刺史，势力雄厚，所以这又成为他们干预中央政治的有利条件。东晋南朝发生的很多地方与中央的冲突都与这一制度有关。魏晋南北朝地方行政制度变化之二是，除了州、郡、县地方行政机构外，还设置有另外一些其他类型的地方机构。例如三国

魏时开始在少数民族集中地区设置护军职位，试图实行军政合一的统治，而这一制度在十六国时期及北魏前期还被广泛采用。北魏中期以前也还普遍推行十六国以来实行的镇、戍制度，也就是在偏远的地区和少数民族集中居住的地区设置镇、戍，这其中的镇相当于州，戍相当于郡。东晋南朝还在蛮、俚等少数民族居住的地区设置郡一级的地方机构，但只是表明一种统治关系，没有进行绝对统治。魏晋南北朝地方行政制度变化之三是，州、郡、县各级行政机构，根据所辖区域地理位置和居民户数多少不同而被分为不同的等级，相应地地方长官的官品和俸禄待遇也不相同。

南北朝的经济是如何发展的？

西晋末年天下大乱，导致黄河流域的汉族人大量向南迁徙，这其中士族只是少数，极大多数还是劳动民众。这些劳动民众于是带着他们在北方比较进步的生产技术来到了南方，在南方原有的生产基础上，注入了新的技术力量，因而南方的生产力开始有了显著的提高。这些提高主要表现在：1. 人口增加。长江流域由于历史以及地理因素的影响向来人口稀少，最大的荆、扬二州，就算是在西晋武帝太康全盛时期，荆州也只有人口三十五万户，扬州有三十一万户。东晋时，由于北方流人的大量向南迁徙，并且主要聚居在荆扬二州。所以宋孝武帝时，荆、江、扬三州的人口户数占到江南全户口的半数。过去，我国的人口主要集中在中原地区，南

北朝时期由于战乱而发生的大规模流徙使人口分布状况比以往合理了一些。因为正是他们的流人，才改变了这些地区地广人稀、劳动力不足的状况。2.宋朝时，我国的经济重心终于移到了南方。由于河西和辽东地区后来逐渐卷入到战乱中去，因此它们的开发不如江南，那些内迁的少数民族本身是聪明智慧的，所以他们在接触到了先进的文化技术后，就会在此基础上从事前所未有的发明创造。而生活方式受到汉化的少数民族在牲畜饲养、兽医及畜产品的加工方面都有相当高的水平，因而迁徙之后他们能自然地将两种生活经验整合到一处去，从而在经济建设、生产生活上取得了傲人的成绩。

除了从流人迁徙上面看到南北朝经济发展的一面外，我们还可以从三吴地区来看看南北朝经济的一个缩影。由于地理环境的影响，三吴地区成为了南北两支劳动大军的会合点，于是他们共同经过艰苦奋斗，辛勤创业，终于把这里的经济推进到了一个新的阶段。就农业生产方面来看，大致有这几个体现：1.生产工具有较大的改进。根据《齐民要术》的记载，那时北方的农具有30多种，但是随着北方人民的南下，农具种类在不断增加。这里需要指出的是，封建社会中铁产量的高低和钢铁技术的提高，对生产工具的改进有巨大的影响。从梁武帝曾经冶炼数千万斤铁器沉于浮山堰这件事，我们就可知道那时候南方铁产量在原来基础上发

一本书知晓南北朝

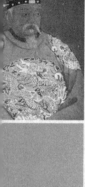

生了较大的增长。2.耕种方法的改进。根据史料记载，我们可以知道：东晋时封建政府禁止杀牛。这就侧面反映出火耕水耨的耕作方法之前还比较普遍。但又据史书《晋书》记载，我们可以了解到比较适合在干旱地区利用的区种法逐渐引入生产中。再根据广东连县出土的水田模型，可以得出结论：那时水田排水、拦水的技术有了较大的提高，人们已进一步掌握了水稻生长的规律。3.水利事业有较大的发展。这一时期，除了封建政府组织兴修的一些水利工程外，民间的小型水利工程也十分普遍。4.耕地面积有大幅度的增加。吴国统治时，三吴平原地区虽然有开垦，但荒地依然不少。再历经东晋南朝后，平原地区差不多已经开垦完毕，人们开始进而向山林、川泽、湖泊地区发展。

我们再来从河北经济的发展看看南北朝时期经济的发展。根据修撰《晋书》的唐初诸位学者的说法，他们对河北的地理特点和社会经济状况，有一个较为确切的概括："其地有险有易，帝王所都，乱则冀安，弱则冀强，荒则冀丰"。在这种得天独厚的条件下，河北在北朝时期的发展进入了河北发展的第二个阶段，他是由劳动人口的增加，推行均田制度、修复魏晋以来的水利工程，以及推行军屯等因素组成的。北魏刚刚占领河北的时候，曾经将差不多50万人赶到平城一带居住。泰常三年(公元418年)，明元帝拓拔嗣再"徙冀、定、幽三州徒何(鲜卑慕容部)于京师"。从而导致河北地

区人口急剧下降。其时，拓跋部正处在由游牧向农业定居的转化中，畜牧业在他们的经济生活中占的比重很大。而这些，对河北的社会经济，特别是农业生产无疑有重要影响。后来到魏末年间，频繁的战乱导致东、西魏对峙，河北地区的人口丧亡和流散较为严重，这也一定程度上阻碍了经济的发展。但总的来看，北朝时期，河北的人户有所增加，加上尽管东魏、北齐对于均田制的推行有点差强人意，可毕竟一直在推行着，这就对河北经济的恢复多少起有积极作用。

南北朝军户制度是怎样的？

在南北朝时期，朝代常常因为军权流入权臣手中而发生更替。南朝的军事制度大体上延续了两晋的兵制，但是世兵制逐渐衰落，所以主要还是以募兵制为主。北朝的军事制度方面，在北魏初期主要还是采行"兵民合一"的部族兵制，但在后来统一华北后逐渐转换为世兵制，后期又出现府兵制，并且这种制度成为了隋唐兵制的基础。

南朝时期的兵种受到历史条件的限制，主要以步兵和水军为主，骑兵较少。兵源原本来自世兵制，但是由于各个朝代之间不停地发生战争，加上不少士兵因为不堪忍受军旅生活而逃亡或者是被私家分割，又有部分兵户变为民户，所以兵源基本上趋于枯竭，只能改为以募兵制为主。南朝军队主要分为中军（亦称台军）和外军。中军直接归属于中央，他们平时只需要驻守在京城，只有有事的时候才用出征。外军

则归各地方都督管制。但是由于都督还身兼刺史，所以他们经常利用这些同中央朝廷抗衡。在南朝宋时，宋武帝刘裕采用了加强皇宫兵力的措施，希望这样可以扭转东晋以来外强内弱的局面。然而，他也没有料到这项措施会因为宗室之间的自相残杀而失败，所以历朝老有篡位的事件发生。

再来看看北朝方面。北魏的军队在初期主要是用鲜卑骑兵做为主力，对于军队的补给因为没有成型的制度，所以只能是由各部自行掠取。一直等到华北统一的过程中，汉族逐渐加入到军队，这种情况才有了明显改善。那时，随着"攻城"战斗的增加，以骑兵为主的军队组织形式变为了步、骑兵混合的形式。再发展，步兵就成为了主力兵种。北魏统一华北后，军队分为中军、镇戍兵和州郡兵三种兵种。中军的任务就是：平时守卫在京城，有事就马上成为对外作战的主力。而镇戍兵是为了保卫边防设置的。那时的镇相当于州、戍相当于郡。镇戍兵刚开始只是在北部边境试行设立，后来逐渐扩展到南部边境。州郡兵，则是维持各州治安的军队，他们有时也充当镇戍兵或是随军出征。发展到北魏后期，也逐渐形成固定的兵户。

东魏和北齐的军队则主要是由六镇的镇民和洛阳的鲜卑兵所组成，在北齐时还编成了所谓的"百保鲜卑"。但是他们也会选择汉族勇士来防备边界。由于西魏和北周受到鲜卑族传统文化以及汉文化的影响，所以在公元550年时创立

了府兵制。这项制度起到的作用就是将迁徙到关中的六镇军民编成六军，并设立了八位柱国大将军。西魏权臣宇文泰当时就是这些柱国大将军的最高统帅，而西魏的广陵王元欣却并没有实权，其他六个小柱国的将军只能分别独立地统领各府兵，各督还部署 2 个大将军。到北周时，朝廷扩增了柱国的人数，并将兵权集中在皇帝手中。府兵虽然仍然是主力，但还设置了守卫京师的中军、地方的镇戍兵及州郡兵等其他军队。而府兵制的特色就是：平时为民，战时为兵，达到了兵农合一的目标。这有点类似于曹魏时期的军屯，但不完全一样。总之这一制度后来被隋唐的兵制采用，还影响了之后的历代兵制。